Codice della Legge Canonica

Canone 66 «L'economia cristiana, di conseguenza, dal momento che è il nuovo e definitivo Testamento, non morirà mai; e non bisogna aspettarsi nessuna pubblica rivelazione prima della gloriosa manifestazione di nostro Signore Gesù Cristo». Ma anche se la Rivelazione è già completata, non è stata resa completamente esplicita; alla fede cristiana rimane da cogliere il suo completo significato nel corso dei secoli.

Canone 67 Negli anni ci sono state le cosiddette rivelazioni «private», alcune delle quali sono state riconosciute dall'autorità della Chiesa. Non appartengono, però, al deposito della fede. Il loro compito non è migliorare o completare la Rivelazione definitiva di Cristo, ma aiutare a vivere più pienamente in essa in certi periodi della storia. Guidato dal Magisterium della Chiesa, il sensus fidelium sa come discernere e dare il benvenuto a queste rivelazioni, sia che costituiscano una chiamata autentica alla Chiesa da parte di Cristo che da parte dei suoi santi.

La fede cristiana non può accettare «rivelazioni» che sostengano di sorpassare o correggere la Rivelazione di cui Cristo è il compimento, come nel caso di religioni certamente non cristiane e anche di alcune recenti sette che si basano su tali «rivelazioni».

Maria Valtorta:

I seguenti sono capitoli selezionati dai quaderni di Maria Valtorta, la Visionaria a cui si attribuisce il maggior impatto sulla nostra comprensione dei Vangeli dai tempi degli Apostoli, in quanto è stata la destinataria di una serie di rivelazioni private (1943-1951) direttamente da parte del Nostro Dio Trino e varie altre anime Benedette, compresa la Vergine Maria, Gli Apostoli Giovanni e Paolo, San Giuseppe, l'Angelo Azaria e Molti altri.

All'età di 28 anni, Maria Valtorta si offrì come anima vittima e per 36 anni sopportò sofferenze corporee e spirituali taciute in nome del suo prossimo. Morì il 12 ottobre 1961, all'età di 64 anni, e fu sepolta a Viareggio, in Italia. Con permesso Ecclesiastico, i suoi resti vennero trasferiti nella Basilica della Santissima Annunziata a Firenze, nella cappella del Chiostro Grande.

Questi 'romanzi brevi' sono selezioni dei dettati per soggetto, per uno studio più facile, con modifiche minori per rimuovere i commenti direttivi che non facevano parte della versione originale o del dettato e, ove necessario, qualche modifica grammaticale per sistemare gli errori di traduzione, senza alterare né interpretare in alcun modo i contenuti ricevuti nelle visioni e i dettati stessi ad eccezione, forse inconsapevolmente, degli errori di traduzione. Tenendo a mente che queste visioni e dettati vogliono affrontare problemi che hanno afflitto l'umanità dall'inizio dei tempi e sono rilevanti oggi come lo saranno tra millenni e fino alla fine dei tempi, le note a piè di pagina, al fine di favorire la comprensione, cercano di fissare vari punti all'interno dei testi al contesto degli eventi che si sono verificati nel mondo nel periodo in cui questi dettati hanno avuto luogo.

Don Dolindo Ruotolo, Prete:

Padre Dolindo Ruotolo, nato a Napoli il 6 ottobre 1882, alla vigilia della festa della Vergine del Santo Rosario – morto a Napoli il 19 novembre 1970; prete cattolico italiano, terziario francescano e venerato come Servo di Dio dalla Chiesa Cattolica». Considerato da molti il maestro della spiritualità napoletana nella Chiesa Cattolica, i suoi resti riposano nella Chiesa di 'San Giuseppe dei Nudi'. La causa per la sua Canonizzazione è al momento in corso.

Anche in vita era famoso per la sua santità. Padre Pio da Pietralcina disse di lui ai pellegrini provenienti da Napoli: «Perché venite qui, se avete Don Dolindo a Napoli? Andate da lui, egli è un santo!»

Dolindo era uno scriba e un portavoce dello Spirito Santo, con conoscenza e Saggezza infuse dall'alto, un Frate Cappuccino operatore di miracoli non meno importante di Padre Pio da Pietralcina, stigmatizzato nel nome di Cristo, un onorato figlio della Vergine che fu iniziato alla conoscenza e alla Saggezza delle Scritture, un servo fedele che voleva essere umile di fronte a Cristo e soprattutto un rappresentante di Dio tra la gente.

Quando era ancora un giovane uomo posò lo sguardo su un'immagine della Vergine e meditò sullo squilibrio tra i doveri per cui si era impegnato e i suoi talenti naturali, che non erano così brillanti. Non si sentiva all'altezza e quindi, come giovane candidato per il grande offizio del sacerdozio, si rivolse alla sua Madre Celeste e pregò nel suo cuore: «Se desideri che io diventi un prete di Dio, lascia che il tesoro della conoscenza fluisca nella mia mente e in virtù assicura che io ne diventi capace». Un placido sonno scivolò quindi sulle sopracciglia del devoto

ragazzo in preghiera, e attraverso il sonno la Santa Madre instillò in lui i sette doni dello Spirito Santo.

Li usò dal momento in cui si risvegliò fino alla fine come note per il suo harmonium interiore e cantò con tutto il cuore le lodi alla Trinità e a Maria. La sua conoscenza brillava non per la vanagloria della scienza umana ma per la dignità dell'illustrazione divina delle fondamenta della fede cattolica verso cui fluiscono tutti quanti i cammini della dottrina umana.

Gesù e la Vergine gli fecero visita con consolazione intima e per esemplificare la sua scelta gli diedero croci da sopportare, croci di incomprensione sia da parte della sua famiglia che della sua parrocchia, croci di espiazione per i peccati di suo fratello, croci di redenzione per la salvezza del gregge di Dio, che venne a lui notte e giorno, inviato dal proprio Pastore per essere purificato dalla lebbra del cuore e dalle malattie dell'anima.

Portò su di sé, a somiglianza di Cristo, il peso della croce per tutti gli uomini e, poco a poco, mentre saliva insieme a Gesù sul Golgota, sentì le spalle abbassarsi e la spina dorsale piegarsi sotto il carico della croce, le gambe rigide per il viaggio difficile sanguinavano nonostante il bendaggio. Era come se fosse la fatica dell'età, ma era ancora lo stigma di Cristo sempre paziente, un'anima sfinita fino all'ora finale.

La Piena Di Grazia:
Gli Inizi
Merito
La Passione Di Joseph
L'angelo Blu
L'infanzia Di Gesù

Seguitemi:
Il Tesoro Con 7 Nomi
Dove Ci Sono Spine, Ci Saranno Anche Rose
Per L'amore Che PErsevera
Il Collegio Apostolico
Il Decalogo

Le Cronache Di Gesù E Giuda Iscariota:
Io Ti Vedo Per Come Sei
Coloro Che Sono Segnati
Gesù Piange

Lazzaro:
Che Bella Bionda
I Fiori Del Bene

Claudia Procula:
Amate Il Nazareno?
Il Capriccio Della Morale Di Corte

Maria di Magdala:
Ah! Mio Adorato! Ti Ho Raggiunto Alla Fine

Principi Cristiani
Della Reincarnazione

Lamb Books

Versione illustrata per tutta la famiglia

LAMB BOOKS

Pubblicato da Lamb Books, 2 Dalkeith Court, 45 Vincent Street, London SW1P 4HH;

UK, USA, FR, IT, SP, PT, DE

www.lambbooks.org

Prima pubblicato da Lamb Books 2013

questa edizione

011

Testo copyright @ Lamb Libri Nomina, 2013

Illustrazioni copyright @ Lamb Books, 2013

Il diritto morale dell'autore e illustratore è stato affermato

Tutti i diritti riservati

L'autore e l'editore sono grato al Centro Editoriale Valtoriano in Italia per il permesso di citare il Poema dell'Uomo-Dio di Maria Valtorta, da Valtorta Publishing

Situato in Bookman Old Style R

Stampato e rilegato da CPI Group (UK) Ltd, Croydon, CR0, 4YY

Fatta eccezione per gli Stati Uniti, questo libro è venduto a condizione che essa non deve, a titolo di commercio o altrimenti, essere prestati, rivenduto, locazione, o altrimenti distribuito senza il previo consenso dell'editore in qualsiasi forma di associazione o di coprire diverso quello in cui è pubblicata e senza una condizione simile compresa questa condizione imposta sul successivo acquirente

Principi Cristiani:

Della Reincarnazione

LAMBBOOKS

RICONOSCIMENTO

Il materiale contenuto in questo libro è tratto dalla 'I Quaderni 1944, e 'I Quaderni 1943' da Maria Valtorta, soprannominato 'Giovanni piccolo', visionario e ispirato scrittore del 'Il Vangelo Come Mi È Stato Rivelato', prima approvata dal Papa Pio nel 1948 nel una riunione del Febbraio 1948, testimoniato da altri tre sacerdoti. Ordinò i tre sacerdoti presente «pubblicare questo lavoro cosi com'è».

Nel 1994 il vaticano approva gli appelli dei cristiani in tutto il mondo e ha cominciato ad esaminare il caso per la Canonizzazione di Maria Valtorta.

Revelazioni mistiche sono stati per molto tempo la provincia dei sacerdoti ei religiosi. Ed ora sono ottenibile a tutti. Tutti coloro che leggono questo adattamento, troverà anche edificante. Attraverso questa luce, la fede può essere rinnovata.

Un ringraziamento speciale al Centro Editoriale Valtortiano in Italia per il permesso di citare dagli scritti di Maria Valtorta-Giovanni piccolo.

Contenuto

7 Gennaio 1944: Gesù.	14
L'Intercessione Delle Anime In Purgatorio.	17
9 Gennaio 1944: l'Eterno Padre.	21
9 Gennaio 1944: Gesù.	26
10 Gennaio 1944: Lo Spirito Di Dio.	30
10 Gennaio 1944: Maria.	34
10 Gennaio 1944: La Testimonianza Di Valtorta.	37
11 Gennaio 1944: Giovanni.	44
11 Gennaio 1944: L'Apostolo Paolo.	48
17 Gennaio 1944: Gesù.	52
25 Maggio 1944: La Testimonianza Di Valtorta.	61
25 Maggio 1944: Gesù.	70
29 Giugno 1944: Gesù.	72
L'Anima In Purgatorio Di Montefalco	76
8 Ottobre 1943: Gesù.	86
9 Ottobre 1943: Gesù.	88
9 Ottobre 1943: Gesù.	91

7 Gennaio 1944: Gesù.

Dice Gesù:

«Uomo che mi sei caro nonostante i tuoi errori, pecora spersa per la quale ho camminato e per la quale ho versato il mio Sangue per segnarti la via della Verità, questo dettato è per te. Una istruzione per te. Una luce per te. Non rifiutare il mio dono.

Non commettere sacrilegio di pensare che è più giusta altra parola di questa. Questa è mia. È la mia voce che da secoli è sempre la stessa, che non muta, che non si contraddice, che non si rinnova col passare dei secoli perché è perfetta e il progresso non la incide. Voi potete aggiornarvi. Non Io che sono come il primo giorno nella mia dottrina così come sono da eternità in eterno nella mia natura. Sono la Parola di Dio, la Sapienza del Padre.

Nel mio vero, unico Vangelo, è detto: «io sono il Dio di Abramo, il Dio di Isacco, il Dio di Giacobbe. Non il Dio dei morti ma dei vivi»

Abramo è vissuto una volta. Isacco è vissuto una volta. Giacobbe è vissuto una volta. Tu vivrai una volta. Io che sono Dio ho preso carne una volta e non la prenderò una seconda, perché anche Dio rispetta l'ordine. E l'ordine

della vita umana è questo:
Che ad una carne si fonda uno spirito per rendere l'uomo simile a Dio, il quale non è carne ma spirito, non è animale ma soprannaturale.

Che quando la carne tramonta, alla sua sera, cada come spoglia e rivestimento nel nulla da cui fu tratta e lo spirito torni alla vita sua: beata se visse, dannata se peri per avere fatto della carne il suo signore invece di fare Dio signore del suo spirito.

Che da quell'al di là del quale inutilmente volete conoscere gli estremi senza accontentarvi di credere al suo essere, esso spirito attende con tremore di spavento o con palpito di gioia di veder risorgere la carne per rivestirsene nell'estremo giorno della Terra e con quella precipitare nell'abisso o penetrare in Cielo glorificato anche nella materia, con la quale avete vinto perché è stata la vostra nemica naturale da voi fatta alleata soprannaturale.

Ma come potreste rivestire una carne al momento della mia eccelsa rassegna e con essa andare alla condanna o alla gloria, se ogni spirito avesse avuto molte carni? E quale sceglierebbe fra esse? La prima o l'ultima?

Se la prima gli valse, secondo le vostre teorie, l'ascesa alla seconda, è già carne meritevole, anzi più meritevole delle altre di possedere il cielo, perché ciò che costa è la prima vittoria. Dopo l'ascesa trascina. Ma se in Cielo devono entrare solo i perfetti, come può entrare la prima? Ingiusto sarebbe escludere la prima e ingiusto credere che sarà esclusa l'ultima delle vostre carni, che con teoria nefasta voi credete possano rivestire, a serie ascendenti, il vostro spirito, incarnato e disincarnato per tornarsi ad incarnare come abito che si posa la sera e si riprende al mattino.

E come potreste voi chiamare i beati se essi fossero già reincarnati? E come dire vostri i vostri defunti se in quel momento essi già sono i figli di altri?

No. Lo spirito vive. Creato che sia, non si distrugge più. Vive nella Vita se ha vissuto sulla terra, nell'unica vita che vi è concessa, da figlio di Dio. Vive nella Morte se ha vissuto nella vita terrena da figlio di Satana. Ciò che è di Dio torna a Dio in eterno. Ciò che è di Satana torna a Satana in eterno.

E non dire: «Ciò è male». Ciò - ti dico Io, Verità - è sommo bene. Viveste mille vite, diverreste mille volte zimbello di Satana e non sempre sapreste uscirne feriti ma vivi.

Vivendo una volta e sapendo che in quella volta è il vostro destino, se non siete dei maledetti adoratori della Bestia, agite con quel minimo almeno di volontà che basta a Me per salvarvi.

Beati poi quelli che in luogo del minimo danno tutto se stessi e vivono nella mia Legge. Il Dio dei vivi li guarda dal Cielo con infinito amore, e quel che ancora avete di bene sulla terra l'avete per questi santi che voi talora spregiate, ma che i Santi chiamano «fratelli», che gli angeli carezzano, e che il Dio Uno e Trino benedice.»

L'Intercessione Delle Anime In Purgatorio.

Estratto da «Chi muore deve vedere...'
di Dolindo Ruotolo, sacerdote. Ch XIII

Vi sono innumerevoli esempi di grazie, alcuni miracolosi, ottenuto attraverso l'intercessione delle anime del Purgatorio. Possiamo dire che la loro cura per la nostra anima e il nostro corpo è tale, perché sanno per esperienza che cosa danneggia un'anima. In tal modo nelle loro sofferenze esse hanno una maggiore e amorevole pietà per la nostra sofferenza. Anch'esse una volta sono state pellegrini sulla terra, conoscono i pericoli per le anime e di ciò che le persone soffrono nel loro corpo. Essendo in uno stato di perfetta carità, le anime che sono in Purgatorio, quando ricevono il suffragio da qualcuno sulla terra, sentono la responsabilità di aiutarlo molto di più e in modo migliore, perché hanno un sentimento di compassione più grande per lui. Per questi motivi le anime che sono in Purgatorio non solo pregano con più efficacia per coloro che offrono il suffragio per loro ma, con il permesso di Dio, esse talvolta intervengono personalmente nelle nostre sofferenze e nei nostri pericoli.

Nel 1649 un famoso bibliotecario di Colonia, William Freyssen, fece un voto per distribuire un centinaio di libri sulle anime del Purgatorio al fine di motivare i fedeli ad offrire il suffragio per loro. Poco tempo dopo suo figlio e sua moglie, entrambi gravemente malati e ad un passo dalla morte, ritrovarono la salute. (Puteus defunto, libro V, art.9).

A Parigi nel 1817 una povera domestica, ben educata nella vita cristiana, aveva la pia abitudine di far celebrare una Messa di Suffragio ogni mese, malgrado i suoi scarsi redditi, per le anime del Purgatorio. Lei era in effetti presente al santo Sacrificio, unendo la sua preghiera a quelle del sacerdote celebrante, per ottenere una migliore salvezza dell'anima che ne aveva più bisogno. Un giorno si ammalò e dovette andare all'ospedale. Dal momento che non poteva più lavorare, perse il lavoro e non era quindi in grado di soddisfare la sua pia consuetudine per mancanza di denaro. Quando lasciò l'ospedale non aveva che pochi centesimi. Così si è consegnata al Signore perché si prendesse cura di lei e iniziò a cercare un'altra posizione. Passando vicino a una Chiesa, notò che era il giorno in cui di solito offriva Messa per le anime del Purgatorio. Presentò il suo poco denaro e chiese di far celebrare una Messa. Durante la Santa Messa pregò intensamente per le anime del Purgatorio e perché la Divina Provvidenza non la abbandonasse. Poi stanca e ansiosa, continuò ad andare da un posto all'altro in cerca di lavoro. Camminando verso di lei lungo la strada, un giovane nobiluomo, ben vestito e molto pallido, si fermò e disse:

«Voi siete alla ricerca di un lavoro da cameriera, dico bene?»

«Sì, Milord» rispose, sorpresa.

«Molto bene, allora vada a questo indirizzo. Vi è una signora che vi darà il lavoro.»

E poi scomparve nella strada affollata, senza nemmeno darle il tempo per ringraziarlo. La buona donna andò subito all'indirizzo che il giovane le aveva dato e mentre saliva la scala verso la casa, una cameriera scese, molto turbata, con un fagotto sotto il suo braccio. Le chiese se la padrona di casa era in casa e la donna brutalmente le disse di andare a chiedere alla signora stessa, quando avesse aperto la porta perché per quanto la riguardava lei era in partenza una volta per tutte. La donna bussò alla porta e una nobile signora venne ad aprire. La donna raccontò che cosa era accaduto e chiese se aveva bisogno di una cameriera. La signora fu molto sorpresa perché aveva appena licenziato la sua cameriera pochi minuti prima a causa delle sue cattive maniere. Volle ascoltare di nuovo quello che era successo e la donna ripetè la sua storia, guardandosi attorno nella camera. Vide una foto sulla mensola del caminetto e disse: «Ecco Signora, lì c'è la foto del giovane uomo che mi ha mandato qui e mi ha dato il suo indirizzo».

Sentendo questo, la signora lanciò un grido e perse i sensi. Quando si riprese, abbracciò la donna con gioia e disse: «Mia cara, da ora in poi ti considererò come la mia più cara figlia e non una cameriera. Mio figlio è morto due anni fa ed è stato a causa della Messa che hai fatto celebrare che egli ha lasciato definitivamente il Purgatorio. Sia lodato il Signore. Rimani con me a lavorare in casa mia. Pregheremo insieme per le anime del Purgatorio che il Signore possa salvarle al più presto e che possano entrare nella patria beata del Paradiso».

Abbiamo fatto una attenta ricerca su questa storia così come per molti altri casi che attestano la protezione delle anime del Purgatorio per coloro dai quali ricevono il suffragio. Quanto è grande il loro aiuto per i nostri bisogni corporei e quanto la cura per il nostro benessere spirituale! I risultati della loro protezione non sono così visibili come la loro protezione per i nostri bisogni fisici, ma quante buone ispirazioni, pensieri santi, vittoria sulla tentazione, conversioni miracolose in punto di morte sono dovuti alle ferventi preghiere delle anime del Purgatorio per coloro dai quali hanno ricevuto beneficio. Quanto è meravigliosa la Comunione dei Santi! Che vista meravigliosa, dice il Conte de Maistre, è vedere una città immensa di anime con i loro tre ordini in relazione gli uni con gli altri senza alcuna interruzione: il mondo militante è unito al mondo della sofferenza che tiene stretto il trionfante mondo!

9 Gennaio 1944: l'Eterno Padre.

Dice L'eterno Padre:

«Continuo a parlare a te, uomo e a tutti quelli che come te sono adoratori di idoli bugiardi. Non c'è bisogno di avere un Olimpo come i pagani dell'antico tempo, per essere idolatri. Non c'è bisogno di avere dei feticci come le tribù selvagge, per essere idolatri. Siete idolatri anche voi, e della più obbrobriosa idolatria, voi che adorate ciò che non è vero, che servite ad un culto che non è che culto di Satana, che adorate il Tenebroso per non volere chinare il capo traviato e il più traviato cuore a ciò che fu guida e luce soprannaturale di milioni e milioni di uomini che pure furono dei grandi della Terra - e della vera grandezza del genio e del cuore - i quali in questa luce e in questa guida soprannaturali trovarono la leva della loro elevazione, il conforto della loro vita e la gioia della loro eternità, ed ai quali il mondo, nonostante la sua evoluzione continua, guarda ammirando e rimpiangendo di non avere più in sé quella fede che fece grandi in Terra e oltre la Terra quei grandi.

Voi, poiché le midolla della vostra anima non sono nutrite di Fede vera e della conoscenza di quegli eterni

Veri che sono vita dello spirito; voi, che avete commesso verso voi stessi il delitto di negare allo spirito creato da Dio la conoscenza della Legge e della Dottrina data da Dio, e chiamate superstizione la Religione e definite inutili le forme di essa; voi trovate di esser superiori anche a quei grandi che, secondo voi, non vanno assolti dalla colpa di aver immiserito se stessi al livello di una donnicciuola ignorante per aver avuto ossequio alla Chiesa e obbedienza alla Religione, che altro non è che somma della mia Legge e della Dottrina del Figlio mio, culto, perciò, vero ad un Dio vero le cui manifestazioni sono innegabili e sicure. Tutte: dal Sinai al Calvario, dal Sepolcro squarciato da forza divina ai mille e mille miracoli che nel corso dei secoli, come parole di fuoco che non si spegne, di oro fuso che non si offusca, hanno scritto nel tempo le glorie di Dio e la verità del suo Essere.

E come folli che gettino in mare degli splendidi gioielli raccogliendo preziosamente dei ciottoli, o rigettino dei cibi sani per empirsi poi la bocca di lordure, per la Religione di Dio che rifiutate non trovandola degna di voi - pseudo-superuomini dalla mente insatanassata, dal cuore corrotto, dallo spirito venduto, idoli a vostra volta dai piedi di creta - per la Religione respinta accogliete poi il demoniaco culto del Nemico di Dio e vi fate ministri o proseliti di esso.

Eccoli i criticatori del mio culto, eccoli i giudici della mia Chiesa, eccoli gli accusatori dei miei ministri, eccoli i sindacatori dei miei fedeli! Trovano nel culto, nella Chiesa, nei sacerdoti, nei fedeli, oggetto di scherno e mezzo di avvilimento. Poi, loro che dicono che l'uomo non ha bisogno di culto, non ha bisogno di sacerdoti, non ha bisogno di cerimonie per corrispondere con Dio,

si fanno un loro culto tenebroso, occulto, carico di tutto
un cerimoniale segreto rispetto al quale quello palese,
solare del mio culto è nulla. Si fanno dei ministri di
esso, uomini corrotti e traviati quanto loro e più di loro,
nei quali credono con fede cieca, e prendono per voci e
manifestazioni di Dio gli istrionismi di questi posseduti
da Satana. Si fanno proseliti - e come osservanti! - di
questa parodia oscena di culto, di questa menzogna
sacrilega.

Eccoli, eccoli quelli che al posto del Dio santo, del
Salvatore eterno, mettono la Entità e le entità infernali,
e a quelle curvano fino a terra la loro cervice e la loro
schiena, che non reputano degno di un uomo curvare
davanti ad un vero altare sul quale la mia Gloria
trionfa, e splende la Misericordia del mio Figlio, e fluisce
vivificante l'Amore dello Spirito, ed esce Vita e Grazia da
un Tabernacolo e da un Confessionale, non perché un
uomo, pari a voi come materia ma fatto depositario di
un potere divino dal Sacerdozio, vi dà una piccola forma
di pane azzimo e vi pronuncia una formula di umane
parole, ma perché quel poco pane è il mio Figlio, vivo
e vero come è in Cielo alla mia destra col suo Corpo e
Sangue, Anima e Divinità, e quelle parole fanno piovere il
suo Sangue, che ha dolore di aver effuso per tanti di voi,
sacrileghi spregiatori di Esso, come pioveva dall'alto della
sua Croce su cui il mio amore per voi lo aveva inchiodato.

Ma non riflettete, o pseudo-superuomini fatti di
putrido fango che nessuna luce nobilita, alla vostra
incongruenza? Respingete Dio e adorate gli idoli di un
culto osceno e demoniaco. Dite di venerare e credere nel
Cristo e poi fuggite dalla sua Chiesa Cattolica, Apostolica,
Romana; mettete una croce là dove chiamate il Nemico
della Croce e del Crocifisso santo. È come se su quella

Croce sputaste il rigurgito del vostro interno.

E che ci vedete di grande nei vostri sacerdoti da burla? Nella massa dei miei sono molti sui quali vi è da fare appunti. Ma, e i vostri? Quale dei vostri è «santo»? Lussuriosi, crapuloni, menzogneri, superbi sono i migliori, delinquenti e feroci i peggiori. Ma di meglio fra i vostri non avete. Né potreste avere, perché se fossero onesti, casti, sinceri, mortificati, umili, sarebbero dei «santi», ossia dei figli di Dio, e non potrebbe Satana possederli per traviarli e per traviarvi attraverso ad essi.

Dopo anni ed anni che si dicono «mezzi» in mano a Dio, hanno migliorato la loro natura? No. Tali erano, tali restano, se pure non peggiorano. Ma non sapete che il contatto di Dio è continua metamorfosi che fa di un uomo un angelo? Quale consiglio buono, risultato poi corrispondente ai fatti, vi hanno mai dato? Nessuno.

Ad uno dicono una cosa e ad un altro un'altra sullo stesso argomento, poiché sono zimbello di Satana e poiché Io, Io Potere supremo, confondo le loro idee di tenebre col fulgore insostenibile della mia Luce che essi non possono sopportare. Essa Luce è solo gioia e guida ai figli miei che con essa in cuore spaziano, non per potere proprio ma per potere di essa, nei tempi futuri, e con gli occhi dello spirito vedono, e con le orecchie dello spirito odono ciò che è segreto di Dio, futuro dell'uomo, e dicono in mio nome ciò che lo Spirito pone sulle loro labbra mondate dall'amore e fatte sante dal dolore.

Indovini, astrologi, sapienti e dottori del satanismo che il mio Figlio condanna e che Io copro di doppia condanna, di tripla condanna - perché la vostra religione satanica, che si camuffa di nomi pomposi ma altro non è che satanismo, è peccato contro Me, Signore del Cielo e della Terra davanti al quale non c'è altro Dio, è offesa al Figlio, Salvatore dell'uomo rovinato da Satana, è offesa allo Spirito Santo con la vostra negazione alla verità conosciuta - sappiate che Io rendo stoltezza la vostra scienza occulta e preparo i rigori di un futuro eterno per voi, che non avete voluto il Cielo ma l'inferno per vostro regno e avete voluto Satana, non Dio, per vostro pontefice, re e padre.»

9 Gennaio 1944: Gesù.

A Me Poi Dice Gesù

«Maria, ti sei offerta senza riserve, non è vero? Vuoi che le anime si salvino per il tuo sacrificio, non è vero? E allora non pensi che ti ho detto che le anime si conquistano con la stessa arma con cui esse si perdono? L'impurità di un'anima con la purezza, la superbia con l'umiltà, l'egoismo con la carità, l'ateismo e la tiepidezza con la fede, e la disperazione, e la disperazione, e la disperazione, Maria, con le vostre angosce che pure non disperano, ma chiamano Dio, guardano a Dio, cercano Dio, sperano in Dio anche quando Satana, il mondo, gli uomini, gli eventi sembrano congiurare contro la speranza e si alleano per dire: «Non c'è Dio».

In quest'ora satanica che vivete, mentre dovrebbe unicamente essere usata un'arma per vincere la guerra di Satana alle creature di Dio, mentre basterebbe invocare il mio Nome con fede, speranza, carità intrepide, pressanti, accese, per vedere fuggire le armate di Satana e cadere infranti i loro mezzi che Io maledico, cosa sale dalla Terra al Cielo, e mai tanto vi sale come quando su voi è il flagello orrifico delle armi omicide, micidiali, che Satana ha insegnato all'uomo e che l'uomo ha accettate mettendo in disparte la legge che dice: «Amatevi come fratelli» per assumere quella che dice: «Odiatevi come io, Satana, odio»? Un coro di bestemmie, maledizioni, di derisioni a Dio, di disperazioni. La morte molte volte vi ferma sulle labbra quelle parole, ve le inchioda e vi porta così, marcati da un'ultima colpa, al mio cospetto.

Maria, tu stupisci come dopo tanto aiuto Io ti lasci ora sentire tanta angoscia. Ti ho aiutata nell'ora della morte di chi amavi
e ti ho dato il mio cuore per guanciale e la mia bocca per musica e per lino che ha asciugato il tuo pianto col suo bacio e attutito il tuo dolore col suo canto d'amore. Ma quello era dolore tuo. Me lo avevi già offerto ed Io l'avevo già usato. Era l'ora che te ne premiassi. Era l'ora che ti sostenessi perché tu mi devi servire ancora, mia piccola «voce», e non voglio che tu muoia prima del momento in cui la tua voce potrà tacere, avendo dato abbastanza agli immeritevoli uomini di parola mia.

Ora vi sono troppi che si dannano nella disperazione e muoiono accusandomi. Anche sulla bocca dei bimbi che, oggi, sanno più bestemmiare che pregare, e maledire che sorridere, e sempre più sapranno bestemmiare e maledire, poveri fiori sporcati dal mondo e dal suo re infernale quando il loro non è che un boccio ancora serrato.

Perché alle vostre troppe, troppe, troppe maledizioni non abbia finalmente a rispondere una mia che vi stermini senza darvi tempo di invocarmi più; perché alle troppe, troppe, troppe accuse vostre a Me non

Principi Cristiani

abbia finalmente a tornare a voi la mia accusa tremenda; perché alle vostre troppe, troppe, troppe disperazioni, frutto naturale della vostra vita di bastardi, non abbia finalmente a corrispondere la mia condanna eterna su voi, miei salvati che calpestare Me e la salvezza che vi ho dato
, occorre che vi siano vittime che amano, soffrono, pregano, benedicono, sperano, ma ripeto: soffrano, soffrano, soffrano di quel che fa soffrire i fratelli, le quali vittime purifichino col loro amare, soffrire, pregare, benedire, sperare, i luoghi in cui si va incontro alla Morte, non quella della carne ma dello spirito.

Io ti dico che se il numero di chi ama, crede e spera, fosse uguale a quello di coloro che non amano, non credono, non sperano, e che se nei tragici momenti in cui vi incombe la strage un uguale numero di invocazioni salissero insieme alle imprecazioni - bada che non dico un numero maggiore ma un numero uguale - tutte le insidie e le volontà dei demoni e degli uomini-demoni rimarrebbero spezzate e cadrebbero senza farvi più male, come avvoltoio al quale vengono spezzate l'ali e non può più far preda.

Animo! Sii una che salva.

Salvare! Per salvare l'Umanità ho lasciato il Cielo. Per salvare l'Umanità ho conosciuto la morte.

Salvare! La più grande delle carità. Quella che fu la carità del Cristo. Quella che fa di voi, salvatrici, le anime che più sono uguali al Cristo.

Io vi benedico, o voi tutte a Me sorelle nel salvare. Io ti benedico. Benedico te alla quale, per farti felice di una felicità immisurabile ed eterna, ho dato di essere una che salva.

Va' in pace. Sta' in pace. Io sono con te, sempre.»

10 Gennaio 1944: Lo Spirito Di Dio.

Dice Lo Spirito Di Dio:

«Non manchi a chiamarti la parola di Colui che è Sapienza e Amore di Dio, Colui che si effonde da eternità ad eternità su tutto quanto è per santificarlo a Dio, Colui che ha presieduto con la sua forza a tutte le opere della Trinità nostra e che non è estraneo a tutto ciò che è santo nel tempo e nell'eternità, perché Io sono il Santificatore, Quello che col suo settemplice dono vi santifica e a Dio vi porta facendovelo conoscere nei suoi voleri sulla Terra e nella sua gloria in Cielo.

Io sono la Sapienza di Dio. Sono Colui che la Seconda Persona della nostra Triade santissima chiama «Maestro di ogni vero, Colui che non vi parlerà da Se stesso, ma dirà tutto quello che ha udito e vi annunzierà l'avvenire».

Ecco, o voi che cercate di conoscere anche più che necessario non sia, chi è Quello che può darvi questa conoscenza da voi cercata. Io sono. Io, Luce della Luce, Io, Spirito dello Spirito, Io, intelligenza dell'intelligenza, sono il custode, il depositario di tutte le verità passate, presenti, avvenire, il conoscitore di tutti i decreti di Dio, l'amministratore delle sue luci agli uomini. Io sono Quello, che non assente col suo consiglio alle opere del

Creatore, che non assente al decreto della Redenzione, neppure è assente presso voi per consigliarvi, e con dolcezza d'amore guidarvi nel rendere atto compiuto le volontà che il Padre vi propone. Io sono più ancora. Sono l'Amore che vi ispira ciò che è atto a darvi l'abbraccio di Dio e per sentiero di santità vi porta sul suo seno.

Come nutrice pietosa, Io piglio la vostra incapacità di neonati alla Vita e vi educo e allevo. Tenendovi fra le mie braccia, vi do calore per farvi assimilare il latte dolcissimo della Parola di Dio onde divenga in voi vita. Di Me stesso vi faccio scudo contro i pericoli del mondo e di Satana perché l'Amore è forza che salva. Io vi guido e sorreggo e come maestro di amorosa pazienza vi istruisco. Faccio di voi, pesanti e tardi, pusillanimi e deboli, degli eroi e degli atleti di Dio. Faccio di voi, poveri spirituali, dei re dello spirito, poiché il vostro spirito lo copro coi miei splendori divini e lo pongo su un trono che più grande non vi è, poiché il mio è trono di santità eterna.

Ma per conoscermi occorre non avere idolatria in cuore. Occorre credere a ciò che Io ho santificato. Credere alle verità che Io ho illuminato. Occorre abbandonare l'errore. Occorre cercare Dio là dove Egli è. Non dove vi è il Nemico di Dio e dell'uomo.

Volete conoscere la Verità? Oh! venite a Me! Io solo ve la posso dire. E ve la dico nel modo che la mia bontà sa a voi confacente, per non turbare la vostra debolezza d'uomini e la vostra relatività. Perché amate ciò che è contorto, complicato, tenebroso? Amate Me che sono semplice, lineare, luminoso; Me che sono gioia di Dio e dello spirito.

Volete conoscere il futuro dello spirito? Ed Io ve lo insegno parlandovi di una eternità che vi attende in una beatitudine che per voi è inconcepibile, nella quale, dopo questa ora di sosta, unica sosta sulla Terra, riposerete in Dio di tutte le fatiche, di tutti i dolori, dimenticherete il dolore perché la Gioia sarà vostro possesso; e se anche l'Amore, che mai come in Cielo è vivo, vi darà palpiti per i dolori dei viventi, non sarà pietà che vi darà dolore, ma solo amore attivo che sarà pur esso gioia.

Volete conoscere le perfezioni del Creatore nelle cose, i misteri della creazione? Io ve li posso dire, Io che, Sapienza, «uscii primo dalla bocca di Dio, primogenita avanti tutte le creature», Io che sono in tutto quanto è, perché tutto porta sigillo d'amore ed Io sono l'Amore. Il mio Essere si estende su tutto l'Universo; la mia Luce bagna di Sé gli astri, i pianeti, i mari, le valli, l'erbe, gli animali; la mia intelligenza corre per tutta la Terra, istruisce i lontani, dà a tutti un riflesso dell'Alto, educa alla ricerca di Dio; la mia Carità penetra come il respiro e conquista i cuori.

Attiro a Me i giusti della Terra, e anche ai retti non conoscitori del Dio vero do riflessi di questo santo Dio vostro, per cui un rivo di verità è in tutte le religioni rivelate, messo da Me che son Colui che irriga e feconda.

Io, poi, come possente zampillo di sorgente eterna, trabocco da ogni lato della Cattolica Chiesa di Cristo, e con la Grazia, coi sette doni e coi sette sacramenti, faccio, dei cattolici fedeli, dei servi del Signore, degli eletti al Regno, dei figli di Dio, dei fratelli del Cristo, degli dèi la cui sorte è così infinitamente sublime che merita qualunque sacrificio per possederla.

Volgetevi a Me. Saprete, conoscerete e sarete salvi perché conoscerete la Verità. Staccatevi, staccatevi dall'errore che non vi dà gioia e pace. Curvate il ginocchio davanti al Dio vero. Al Dio che ha parlato sul Sinai e che ha evangelizzato in Palestina. Al Dio che vi parla attraverso la Chiesa da Me, Spirito di Dio, fatta Maestra. Non vi è altro Dio all'infuori di Noi: Uno e Trino. Non vi è altra Religione che la nostra secolare. Non vi è altro futuro, sulla Terra ed oltre, fuor di quello che vi dicono i Libri santi. Tutto il resto è Menzogna destinata ad essere svergognata da Colui che è Giustizia e verità.

Chiedete a Noi - Potenza, Parola e Sapienza - la luce acciò non camminiate più oltre su torti sentieri di morte, ma possiate venire anche voi, erranti, nella via sulla quale trovarono salvezza quelli che per la loro umile, sapiente, santa fede, piacquero a Dio che ne fece i suoi santi.»

10 Gennaio 1944: Maria.

Dice Maria:

«E poiché sono la Madre, parlo io pure stringendovi al seno per indurvi alla fede, miei figli che vedo morire, nutriti come siete di tossico di morte. Ve ne prego, per quel mio Figlio che ho dato con dolorosa gioia per la vostra salvezza, tornate sui sentieri del Cristo. Avete scritto il suo Nome santissimo sui vostri sentieri. Ma è un profanarlo. E se non fosse che il Nemico vi offusca la mente e vi regge la mano forzandola a scrivere ciò che il buon senso non potrebbe indurvi a scrivere, quel Nome benedetto non lo scrivereste sulle vie per le quali Satana viene a voi e sulle porte dei vostri grotteschi templi di senza-Dio.

Ma io dico per voi al Padre: «Padre, perdonali perché non sanno quello che fanno» e vi chiedo al Padre santo, poveri figli irretiti da Satana. Io ho vinto Satana in me e per gli uomini. Esso è sotto il mio piede. Lo vincerò anche in voi purché veniate a me.

Io sono la Madre. La Madre che l'Amore ha fatta madre del bell'amore. Io sono quella in cui riposa, come in un'arca, la manna della Grazia. Colma ne sono di

Grazia, né Dio pone limite al mio potere di effonditrice di questo divino tesoro. Io sono la Madre della Verità che in me si fece Carne. Io sono la portatrice della Speranza dell'uomo. Attraverso a me la speranza dei patriarchi e dei profeti è divenuta realtà. Io sono la sede della Sapienza che mi fece sua e Madre del Figlio di Dio.

Venite, che io vi porti al Cristo tenendovi per mano, con questa mia mano che ha sorretto i primi passi del Gesù-Salvatore per le vie della terra e che gli ha insegnato a camminare perché sollecito salisse al Golgota per salvare voi, a me più cari, perché i più infelici fra tutti gli uomini, i condannati che lotto per strappare al potere che vi trascina all'abisso, per salvare al Cielo.

Guardate quanto ho pianto per voi. Ché voi non siete coloro che cadono trascinati da peso di carne, così impetuoso e improvviso che vi abbatte senza darvi tempo e modo di reagire. Voi siete quelli che tenacemente, scientemente, commettono la colpa che non è perdonata, l'ha detto il Figlio mio. Voi negate la verità per farvi, di menzogne nefande, delle verità. Voi divenite luciferi. E potreste esser angeli!

Non chiedo molto da voi. Sol che mi amiate come una Madre, sol che mi chiamiate. Il mio nome sarà già miele alle vostre labbra attossicate. E sarà salvezza perché dove è Maria là è Gesù, e chi ama me non può non amare la Verità che è il Figlio delle mie carni. Io non rimprovero, Io non condanno. Io amo. Unicamente amo.

Non vi devo far paura perché sono più mite di agnella e più pacifica dell'ulivo. Tanto mite che, superando le agnelle, ho lasciato che mi venisse strappata dal seno la mia Creatura e mi fosse sacrificata su cruento altare senza reagire, senza maledire. Tanto superiore all'ulivo, che ho fatto, da me stessa, di me stessa uliva nella mola, e mi sono fatta torchiare dal dolore per stillare dal mio verginale e materno cuore immacolato l'olio per medicare le vostre ferite e per consacrarvi al Cielo.

Posatemi nel grembo la testa malata. Io la guarirò e vi dirò le parole che la Sapienza mi dice per condurre voi alla Luce di Dio.»

10 Gennaio 1944: La Testimonianza Di Valtorta.

Che bello! Che bello! Che bello ciò che io vedo! Cercherò di essere esattissima e chiara nel descriverle ciò che mi ha portato la Comunione.

Che io fossi felice, ella lo sa già. Ma quale beatitudine e quale vista gaudiosa mi fu concessa dal momento dell'unione eucaristica in poi, no. Fu come un quadro che mi si svelasse per gradi. Ma quadro non era: era contemplazione. Me ne sono raccolta per un'ora buona senza altro pregare che questo contemplare che mi rapiva oltre la Terra.

Si è iniziato subito dopo aver ricevuto la sacra Particola e credo che a lei non è sfuggito come fossi lenta a rispondere e a salutare; ero già avvolta. Ciononostante ho detto ad alta voce tutto il ringraziamento mentre sempre più viva veniva a me la visione. E poi mi sono messa quieta, ad occhi chiusi come dormissi. Ma non sono mai stata tanto sveglia col mio io completo come in quest'ora.

La visione dura, nella sua fase finale, ancora mentre io scrivo. Scrivo sotto lo sguardo di tanti esseri celesti che vedono come io dico unicamente ciò che vedo, senza aggiungere particolari o portare modifiche. Ed ecco la visione.

Non appena ricevuto Gesù, mi sentii la Mamma, Maria, al lato sinistro del letto che mi abbracciava col braccio destro attirandomi a sé. Era col suo abito e velo bianco come nelle visioni della Grotta, in dicembre. Nello stesso tempo mi sentii avvolta da una luce d'oro e da un soave, indescrivibilmente soave colore, e gli occhi del mio spirito cercavano la sorgente di esso che sentivo piovere su me dall'alto. Mi parve che la mia camera, pur rimanendo camera come è nel pavimento e nelle quattro pareti e nelle suppellettili, non avesse più soffitto ed io vedessi gli azzurri sconfinati di Dio.

Sospesa in questi azzurri, la Divina Colomba di fuoco stava a perpendicolo sul capo di Maria, e naturalmente sul mio capo, perché io ero appoggiata gota a gota a Maria. Lo Spirito Santo aveva l'ali aperte e posizione eretta, verticale. Non si muoveva, eppure vibrava, e ad ogni vibrazione erano onde, lampi, scintille di fulgore che si sprigionavano. Da Esso scaturiva un cono di luce d'oro il cui vertice partiva dal petto della Colomba e la cui base fasciava Maria e me. Eravamo raccolte in questo cono, in questo manto, in questo abbraccio di luce gaudiosa. Una luce vivissima eppure non abbagliante, perché comunicava agli occhi una forza nuova che aumentava ad ogni bagliore che si sprigionava dalla Colomba, aumentando sempre il bagliore già esistente ad ogni vibrazione di Essa. Sentivo l'occhio come dilatarsi in una potenza sovrumana, quasi non fosse più occhio di creatura ma di spirito già glorificato.

Quando raggiunsi la capacità di vedere oltre, per merito dell'Amore acceso e sospeso sopra di me, il mio spirito venne chiamato a guardare più in alto. E contro l'azzurro più terso del Paradiso vidi il Padre. Distintamente, per quanto la sua figura fosse a linee di luce immateriale. Una bellezza che non tento descrivere perché è superiore alle capacità umane. Egli mi appariva come su un trono. Dico così perché mi appariva seduto con infinita maestà. Ma non vedevo trono, poltrona o baldacchino. Nulla di quanto è forma terrena di sedile. Egli mi appariva dal lato alla mia sinistra (verso la direzione del mio Gesù crocifisso, tanto per darle una indicazione, e perciò a destra del suo Figlio) ma ad una altezza incalcolabile. Eppure lo vedevo nei più minuti dei suoi luminosissimi tratti. Guardava verso la finestra (sempre per darle una indicazione delle diverse posizioni). Guardava con sguardo di infinito amore.

Seguii il suo sguardo e vidi Gesù. Non il Gesù-Maestro che vedo di solito. Il Gesù-Re. Bianco vestito ma di una veste luminosa e candidissima come è quella di Maria. Una veste che pare fatta di luce. Bellissimo. Aitante. Imponente. Perfetto. Sfolgorante. Colla mano destra - era in piedi - teneva il suo scettro che è anche il suo vessillo. Una lunga asta, quasi un pastorale, ma ancora più alto del mio altissimo Gesù, che non finisce con il ricciolo del pastorale ma in una asta traversa, che forma perciò una croce fatta così

dalla quale pende, sostenuto dall'asta più corta, un gonfalone di luminosissima, candida seta, fatto così , e segnato da ambo i lati da una croce porpurea; sul gonfalone è scritto a parole di luce, quasi fosse scritto con diamanti liquidi, la parola: «Gesù Cristo».

Vedo molto bene le piaghe delle mani poiché la destra tiene l'asta in alto, verso il gonfalone, e la sinistra accenna alla ferita del costato, che però non vedo altro che come un punto luminosissimo da cui escono raggi che scendono verso terra. La ferita a destra è proprio verso il polso e pare un rubino splendentissimo della larghezza di una moneta da 10 centesimi. Quella di sinistra è più centrale e vasta,

ma si allunga poi così

verso il pollice. Splendono come carbonchi vivi. Non vedo altre ferite. Anzi il Corpo del mio Signore è bellissimo e integro in ogni sua parte.

Il Padre guarda il Figlio alla sua sinistra. Il Figlio guarda sua Madre e me. Ma le assicuro che se non guardasse con amore non potrei sostenere il fulgore del suo sguardo e del suo aspetto. È proprio il Re di tremenda maestà di cui è detto.[1]

Più la visione dura e più si aumenta in me la facoltà di percepire i più minuti particolari e di vedere sempre più in vasto raggio.

Infatti dopo qualche tempo vedo S. Giuseppe (presso all'angolo dove è il Presepio). Non è tanto alto, su per giù come Maria. Robusto. Brizzolato nei capelli, che sono ricciuti e corti, e nella barba tagliata quadrata. Naso lungo e sottile, aquilino. Due rughe incidono le guance partendo dagli angoli del naso e scendendo a perdersi ai lati della bocca, fra la barba. Occhi scuri e buonissimi. Ritrovo in essi lo sguardo amorosamente buono di mio padre. Tutto il volto è buono, pensoso senza essere mesto, dignitoso, ma tanto, tanto buono. È vestito di una

1   Nel «Dies irae, dies illa» della liturgia romana

tunica blu-violacea come i petali di certe pervinche ed
ha un manto color pelo di cammello. Gesù me lo addita
dicendomi: «Ecco il patrono di tutti i giusti».

Poi la Luce mi richiama lo spirito dall'altro lato della
camera, ossia verso il letto di Marta[2], e vedo il mio
angelo. È in ginocchio, volto verso Maria che pare
venerare. Biancovestito. Le braccia messe a croce sul
petto con le mani che toccano le spalle. Ha il capo molto
curvo, per cui poco lo vedo in viso. È in atto di profondo
ossequio. Vedo le belle ali lunghe, candidissime, pontute,
vere ali fatte per trasvolare rapide e sicure da Terra a
Cielo, ora raccolte dietro alle spalle. Mi insegna, col suo
atteggiamento, come si dice: «Ave, Maria».

Mentre ancora lo guardo, sento che qualcuno è presso a
me dal lato destro e che mi posa una mano sulla spalla
destra. È il mio S. Giovanni col suo volto splendente di
ilare amore.

Mi sento beata. E mi raccolgo in mezzo a tanta
beatitudine credendo aver toccato il culmine. Ma un più
vivo sfavillare dello Spirito di Dio e delle piaghe di Gesù,
mio Signore, aumenta ancora la capacità di vedere.
E vedo la Chiesa celeste, la Chiesa trionfante! Tento
descrivergliela.

In alto, sempre, il Padre, il Figlio, ed ora anche lo Spirito,
alto sopra i Due, framezzo ai Due che collega coi suoi
fulgori.

Più in basso, come fra due pendici azzurre, di un azzurro
non terreno, raccolta in una beata valle, la moltitudine
dei beati in Cristo, l'esercito dei segnati col nome

---

2 Marta ha vissuto con e amorevolmente curato Maria dal 1935
fino alla sua morte nel 1961

dell'Agnello[3], una moltitudine che è luce, una luce che è canto, un canto che è adorazione, una adorazione che è beatitudine.

A sinistra le schiere dei confessori. A destra quelle dei vergini. Non vidi la schiera dei martiri, e lo Spirito mi fa capire che i martiri sono aggregati ai vergini poiché il martirio riverginizza l'anima come fosse pur mo creata. Mi paiono tutti vestiti di bianco, sia i confessori che i vergini. Quel bianco luminoso della veste di Gesù e Maria.

Luce emana dal suolo azzurro e dalle azzurre pareti della valle santa quasi fossero di zaffiro acceso. Luce emanano le vesti di diamante tessuto. Luce, soprattutto, i corpi ed i volti spiritualizzati. E qui mi industrio a descriverle ciò che ho notato nei diversi corpi.

Corpo di carne e spirito vivo, pulsante, perfetto, sensibile al tatto e contatto, è unicamente quello di Gesù e Maria: due corpi gloriosi ma realmente «corpi». Luce dalla forma di corpo, tanto perché possa esser percepibile a questa povera serva di Dio, l'Eterno Padre, lo Spirito Santo e l'angelo mio. Luce già più compatta S. Giuseppe e S. Giovanni, certamente perché ne devo udire la presenza e la parola. Fiamme bianche, che sono corpi spiritualizzati, tutti i beati che formano la moltitudine dei Cieli.

Fra i confessori non si volta nessuno. Guardano tutti la Santissima Trinità. Fra i vergini si volge qualcuno. Distinguo gli apostoli Pietro e Paolo perché, per quanto luminosi e bianco-vestiti come tutti, hanno il volto già più distinguibile degli altri: un caratteristico volto ebraico. Mi guardano con benignità (meno male!).

---

3   Apocalisse 7

Poi tre spiriti beati, che comprendo essere di donne, che mi guardano, accennano e sorridono. Si direbbe che mi invitano. Sono giovani. Ma già mi pare che i beati abbiano tutti una stessa età: giovanile, perfetta, ed una uguale bellezza. Sono copie minori di Gesù e Maria. Chi siano queste tre creature celesti non posso dire, ma poiché due portano le palme e una solo dei fiori - le palme sono l'unico segno che distingue i martiri dai vergini - credo di non errare nel dire che sono Agnese, Cecilia e Teresa di Lisieux.

Quel che, nonostante il mio buon volere, non le posso dire, è l'Alleluia di questa moltitudine. Un Alleluia potente e pure soave come una carezza. E tutto ride e splende più vivo ad ogni osanna della moltitudine al suo Dio.

La visione cessa e nella sua intensità si cristallizza in questa sua forma. Maria mi lascia e con Lei Giovanni e Giuseppe, prendendo la prima il suo posto di fronte al Figlio e gli altri il loro nella schiera dei vergini.

Sia lode a Gesù Cristo.

11 Gennaio 1944: Giovanni.

Ore 0,15

Dice Giovanni:

«Istruito come ero, penetrato, fatto uno col Maestro, nel mio Vangelo vive la Parola così come fu detta, perché io per la mia fusione l'ho potuta ripetere senza modifiche. È il Cristo che parla. Giovanni non è che lo strumento che scrive. Così come te[4].

Grande sorte la nostra alla quale occorre essere fedeli sino nelle minuzie per non inquinare di noi, creature, la dottrina divina, e per la qual sorte dobbiamo conservare una vita illibata perché la Parola scenda dove nulla è di impuro, neppur l'ombra di un pensiero.

Accogliere la Parola di Dio è come accogliere il Pane del Cielo. È il Pane del Cielo che si fa a noi Parola per divenire Pane allo spirito dei fratelli. È l'Eucarestia della Parola, non meno santa della Eucarestia dell'altare, perché, venuto in noi, il Cristo eucaristico ci porta la sua Parola, tanto più o meno sentita quanto più in noi è vita di spirito, e venuto in noi il Cristo Maestro ci porta il suo nutrimento che ci rende atti a sempre più fare dell'Eucarestia il Cibo di vita eterna.

---

4   Infatti Maria Valtorta era chiamata «piccolo Giovanni».

Egli l'ha detto, il Maestro mio e tuo: «Beati quelli che conservano in cuore la Parola di Dio». Ed ha anche detto: «Chi ascolta la mia Parola ha la vita eterna», e: «Io sono il Pane vivo che dal Cielo discende. Chi mangia di Me non morrà ed Io lo risusciterò l'ultimo giorno»[5]. Dunque il Maestro dà un'unica sorte a chi si ciba di Lui: Verbo del Padre e Pane del Cielo.

Ma non parlo tanto a te per te, discepola che sei nella luce. Parlo io, luce di Cristo, di Cristo, Luce del mondo, ai tenebrosi che, come coloro che hanno scaglie sulle pupille, vanno brancolando nel buio e non sanno mettersi sul sentiero nel quale passa il Maestro, non vogliono mettervisi, e gridare: «Gesù, salvaci! Dacci la tua Luce!».

Se lo chiamassero, Egli verrebbe a loro, sosterebbe in loro e darebbe loro la beata sorte di divenire figli di Dio, nati una seconda volta - l'unica volta che si può rinascere, non nella carne, la quale spenta che sia non rivestirà mai più quello spirito che l'ha avuta per veste fuorché nell'ultimo giorno per andare con essa alla gloria o alla dannazione, ma nello spirito il quale innestandosi al Cristo si rigenera, poiché il Cristo, avendolo in Sé, parte del suo santissimo Essere, lo unisce allo Spirito di Dio, il quale è Colui che ci ottiene di rinascere non più uomini ma figli di Dio - e conoscerebbero la Luce, si staccherebbero dalle Tenebre e dalla Menzogna, poiché Cristo è Verità, poiché Cristo è Luce, e il Paraclito che Cristo dona ai «suoi» è Luce e Verità, e chi ha il Cristo ha la Verità e la Luce della Divinità Trina in sé.

Lasciate l'eterno Omicida il quale perì e fa perire, perché non perseverò nella verità che nella sua fortunata sorte

---

5   Luca 11, 28; Giovanni 6, 22-59

angelica aveva posseduto dal primo istante della sua creazione. Credete nel Cristo che non può mentire, perché è Dio e di Dio ha la Perfezione.

Egli vi dice, e più e più volte: «io vi risusciterò». Potrebbe Egli dire parola impropria, Egli il Perfetto nella Scienza e a nell'intelligenza? Egli dice «risusciterò», non dice «rincarnerò». E specifica: «nell'ultimo giorno», e ancora: «Come il Padre risuscita i morti e rende loro la vita, così pure il Figlio dà la vita a quelli che vuole... Chi ascolta la mia parola e crede in Colui che m'ha mandato, ha la vita eterna e non incorre in condanna, ma passa da morte a vita... Viene l'ora in cui i morti udranno la voce del Figlio di Dio e chi l'avrà sentita vivrà. Vien l'ora in cui tutti nei sepolcri udranno la voce del Figlio di Dio e ne usciranno, quanti fecero bene, alla risurrezione della vita; quanti poi fecero male, alla risurrezione della morte»[6].

Perciò Colui che è Verità e Scienza dice, ripete, insiste, giura su una vita, unica e sola, della carne, e su una vita, unica e sola, dello spirito. Questa vita si vive nella nostra unica giornata di uomini e poi, solo nell'ultimo giorno, al comando di Gesù-Dio, risorge per rivestire lo spirito di cui fu veste. Questa vita eterna si ha unicamente per mezzo della nostra giornata unica, e, se in essa abbiamo ucciso una volta lo spirito, mai più esso potrà rincarnarsi per passare, per successive fasi, da morte a vita.

No. Il potere di Dio Padre, di Dio Figlio Gesù, di Dio Spirito Paraclito, può darvi risurrezione dello spirito sulla terra mediante un miracolo della grazia, o mediante l'intercessione di un «santo» sia della terra o del Cielo, o anche mediante il desiderio vostro di risorgere. Ma questo avviene qui, sulla Terra, nel vostro unico giorno. Venuta

---

[6] Giovanni 5, 17-47

per voi la sera ed entrati nel sonno della notte umana, non vi è più risurrezione possibile attraverso nuove fasi vitali. Vi è solo, se siete dei morti dello spirito, morte.

Io, discepolo del Cristo, io che ho visto, oltre la vita, la vita futura e la risurrezione ultima, ve lo giuro che ciò è verità.

Liberatevi da queste catene. Sono le più pericolose che Satana vi getti. Fate il primo passo per dire a Cristo: «Vengo a Te» e a Satana: «indietro, in nome di Gesù». Accogliete la prima verità.

Non potete sapere come sia dolce il Signore, il Maestro buono, il Pastore santo, verso chi si volge a Lui. Come un padre vi prende sul cuore e vi istruisce, vi cura, vi nutre. Non dite che lo amate. Non lo amate nella verità e perciò non lo amate.

La verità è nel suo Vangelo. Il Vangelo è quello detto da Lui ai suoi discepoli e quello che Egli conferma e spiega, per benignità di Salvatore, tuttora. Sempre uguale dopo tanti secoli. Non ve ne è altro.

Vi fosse stata una seconda o più altre vite, Egli lo avrebbe detto. Non siete parsi o scintoisti; siete «cristiani». Lasciate dunque le chimere, gli errori, gli inganni che Satana suscita per strapparvi a Dio e credete a quanto Cristo ha detto.

Chi ama crede. Chi poco ama dubita. Chi non ama accetta una dottrina contraria. La dottrina che seguite è contraria a quella di Gesù Cristo, Verbo di Dio, Maestro nostro, Luce del mondo. Voi dunque non amate Cristo nella verità.»

11 Gennaio 1944: L'Apostolo Paolo.

alle ore 10

Dice l'apostolo Paolo[7]:

«Gli antichi pagani ai quali Io spezzavo il pane della Fede sembrano essere tuttora vivi, anzi essere ritornati, secondo la vostra credenza, a reincarnarsi con le loro antiche teorie riguardo alla risurrezione e alla seconda vita, tanto tuttora, e più che mai ora, dopo venti secoli di predicazione evangelica, è incarnata e incarnita nella vostra mente la teoria della reincarnazione.

Unica cosa che si reincarni, questa vostra teoria che rifiorisce come una muffa ad epoche alterne di oscuramento spirituale. Poiché, sappiatelo, o voi che vi credete i più evoluti nello spirito, questo è il segno di un tramonto e non di un'aurora dello spirito. Tanto più basso è il Sole di Dio nei vostri spiriti e tanto più nell'ombra che sale si formano larve e stagnano febbri e

---
[7]   In Atti 17: 22-31: Greci credette nella metempsicosi o trasmigrazione delle anime.
In 1 Corinzi, capitolo 15, Paolo sostiene la risurrezione che differenzia la reincarnazione da questa dichiarazione: «Come gli uomini muoiono una sola volta dopo che per affrontare il giudizio, così Cristo, dopo aver offerto una volta per togliere i peccati di molti, apparirà una seconda volta per coloro che sono in attesa di dare loro salvezza «(Eb 9, 27).

pullulano i portatori di morte e germinano le spore che intaccano, corrodono, assorbono, distruggono la vita dello spirito vostro, come in boschi iperborei dove di sei mesi è lunga la notte e fa delle boscaglie, piene di vita vegetale e animale, delle morte zone simili a quelle di un mondo spento.

Stolti! I morti non ritornano. Con nessun nuovo corpo. Non vi è che una risurrezione: quella finale.

Non siete, no, non siete, voi fatti ad immagine e somiglianza di Dio, dei semi che per ciclo alterno spuntano e si fanno stelo, fiore, frutto, seme e, da seme, stelo, fiore, frutto. Voi

siete uomini, non erbe del campo. Voi siete destinati al Cielo non alla stalla del giumento. Voi possedete lo spirito di Dio, quello spirito che Dio vi infonde per continua sua generazione spirituale che è in rispondenza alla generazione umana di una nuova carne.

E che credete voi? Che Dio, l'onnipotente, illimitato, eterno Iddio nostro, abbia un limite nel suo generare? Un limite che gli imponga di create un dato numero di spiriti e non più, di modo che per continuare la vita degli uomini sulla terra, come commesso da emporio, debba andare agli scaffali e cercare fra gli ivi ammassati spiriti quello da riusare per quella data merce; o, meglio ancora, credete che Egli sia come uno scriba il quale riesuma una data pratica e cerchi un dato rotolo perché è venuta l'ora di riusarlo a dar voce ad un evento?

O stolti, stolti, stolti! Voi non siete merci, pergamene o semi. Voi siete uomini.

Il corpo, come seme, cade, finito il suo ciclo, nella corruzione della fossa. Lo spirito torna alla sua Fonte per essere giudicato se è vivo o putrido quanto la carne, e a seconda del suo essere va al suo destino. Né più da quello esce altro che per chiamare ciò che fu suo ad una unica risurrezione, in cui chi fu putrido in vita putrido perfetto diviene in eterno, con quello spirito corrotto e quella corrotta carne che nella loro unica, sola, non ripetibile vita, ebbero; e chi fu «giusto» in vita risorge glorioso, incorruttibile, elevando la sua carne alla gloria del suo spirito glorioso, spiritualizzandola, divinizzandola, poiché per essa e con essa ha vinto ed è giusto che con essa trionfi.

Qui siete animali ragionevoli per lo spirito che possedete e che consegue la vita anche per la carne che esso vince. Nell'altra vita sarete spiriti vivificanti la carne che ha conseguito vittoria rimanendo soggetta allo spirito. Prima viene sempre la natura animale. Ecco l'evoluzione vera. Ma è unica. Poi dalla natura animale, che ha saputo, per la triplice virtù, rendere leggera se stessa, viene la natura spirituale.

A seconda che vivete in questa vita, tali sarete nella seconda. Se in voi ha predominato ciò che è celeste, conoscerete la natura di Dio in voi e possederete tale natura poiché Dio sarà il vostro eterno possesso.
Se avrete avuto predominio terrestre, oltre la morte conoscerete l'opacità, la morte, il gelo, l'orrore, la tenebra, tutto ciò che è comune al corpo che viene calato nella fossa; con questa differenza: che la durata di questa seconda, vera morte, è eterna.

Eredi di Dio per volere di Dio, non vogliate, o fratelli, perdere questa eredità per seguire carne e sangue ed errore della mente.

Io pure errai e fui contrario alla Verità, fui persecutore del

Cristo. Il mio peccato m'è sempre presente, anche nella gloria di questo regno le cui porte me l'apersero il mio pentimento, la mia fede, il mio martirio per confessare Cristo e la vita immortale. Ma quando la Luce mi atterrò, facendosi conoscere, io abbandonai l'errore per seguire la Luce[8].

A voi la Luce si è fatta conoscere attraverso a venti secoli di prodigi, innegabili anche al più feroce negatore e al più ostinato. Perché dunque volete, voi fortunati che avete per testimonianza di essa Luce venti secoli di divine manifestazioni, perché volete voi rimanere nell'errore?

Io, testimonio di Cristo, ve lo giuro. Non la carne né il sangue possono ereditare il regno di Dio, ma unicamente lo spirito. E, come è detto nel Vangelo di Gesù Signore nostro[9], non sono i figli di questo secolo - intendete, o fratelli, che qui «secolo» sta a significare coloro che sono nel mondo, ossia i terrestri - quelli destinati a risorgere ed a risposarsi avendo una seconda vita terrena. Solo risorgeranno coloro che sono degni del secondo secolo, dell'eterno, quelli cioè che non potranno più morire essendo già vissuti, ma che, per avere conseguito la vita spirituale ed essere divenuti simili agli angeli e figli dell'Altissimo, non hanno più fame di nozze umane, desiderando col loro spirito un solo coniugio: quello con Dio-Amore; un solo possesso: quello di Dio; una sola dimora: quella del Cielo; una sola vita: quella nella Vita.

Amen, amen, amen!

Dico a voi: credete per conseguirla.»

---

8   Atti 9, 1-22
9   Matteo 22, 23-33; Marco 12, 18-27; Luca 20, 27-40

17 Gennaio 1944: Gesù.

Dalle 23,30 del 17 alle prime ore del 18

Dice Gesù:

«Bada che, più che per te e per molti come te, questo dettato rientra nel gruppo dei «sette dettati»[10]. Non è male, quando si è cominciato a scardinare un sistema, proseguire con colpi d'ariete. E questa forma di pensiero è un sistema d'acciaio. Occorre insistere per vincere.

Di Fede ce ne è una sola che sia vera. La mia. Così come Io ve l'ho data, gemma divina la cui luce è vita. In essa fede non basta rimanere di nome così come rimane un pezzo di marmo messo per caso in una stanza. Ma occorre fondersi ad essa e fare di essa parte di voi.

È vita per voi l'abito che portate? Vi diviene forse carne e sangue? No. È un indumento che vi è utile, ma che, se ve lo togliete per indossarne un altro, non togliete nulla al vostro interno. Mentre il cibo che prendete si fa vostro sangue e vostra carne e non potete più levarlo da voi. È parte, ed essenziale, di voi, perché senza sangue e senza carne non potreste vivere e senza cibo non avreste carne e sangue.

Lo stesso è della Fede. Non deve essere una cosa

---

[10] Sulla rincarnazione o metempsicosì, come è scritto nel brano finale dell'11 gennaio.

appoggiata in date ore su voi, così come un velo per apparire più belli e sedurre i fratelli, ma deve essere parte intrinseca di voi, inseparabile da voi, vitale in voi. La fede non è soltanto speranza di cose credute, la fede è realtà di vita. Vita che comincia qui, in questa chimera della vita umana, e che si compie nell'al di là, in quel vivere eterno che vi attende.

Oggi sta accadendo una grande eresia, una sacrilega al sommo eresia[11]. Il figlio di Satana[12], uno dei figli e che potrei dire uno dei più grandi, non il più grande passato che è Giuda, non il più grande avvenire che sarà l'Anticristo, ma uno di quelli ora viventi per castigo dell'uomo che ha adorato l'uomo e non Dio[13], dandosi la morte attraverso all'uomo mentre Io, Dio, avevo dato all'uomo la Vita attraverso alla mia morte - meditate questa differenza - il figlio di Satana bandisce una nuova fede che è parodia tragica, sacrilega, maledetta, della mia Fede[14]. Si bandisce un nuovo vangelo, si fonda una

11 Nazismo tentare in questo momento di stabilire una religione di sostituire il cristianesimo come scopriremo a poco a poco.

12 Hitler

13 Per nazismo e il fascismo, ma anche al marxismo-leninismo e molti movimenti del tempo che porterà alla distruzione di molti paesi e la morte di milioni di persone.

14 Nel 1920 il partito nazionalsocialista sostiene «cristianesimo positivo» che diventerà la corrente principale del Terzo Reich su istigazione di Alfred Rosenberg e Heinrich Himmler. L'obiettivo del cristianesimo positivo è stato quello di tagliare le radici ebraiche del cristianesimo e della religione creare una transizione tra il cristianesimo e il paganesimo che completano con successo il culto ariano. Questo cristianesimo positivo era legato a eventuali fedi dominanti Germania: cattolicesimo e protestantesimo.
Questa ideologia è anche condannato 10 marzo 1937 a l'enciclica Mit brennender Sorge.
Cristianesimo positivo si sta gradualmente spostando verso un culto particolare germanica con le sue celebrazioni (Lebenfeiern), il calendario sostituendo il calendario cristiano e le sue feste pubbliche.

nuova chiesa, si eleva un nuovo altare, si innalza una nuova croce[15], si celebra un nuovo sacrificio. Vangelo, chiesa, altare, croce, sacrificio di uomo. Non di Dio.

Uno è il Vangelo: il mio.

Una è la Chiesa: la mia, cattolica romana.

Uno è l'Altare: quello consacrato dall'olio, dall'acqua e dal vino; quello fondato sulle ossa di un martire e di un santo di Dio[16].

Una è la Croce: la mia. Quella da cui pende il Corpo del Figlio di Dio: Gesù Cristo; quella che ripete la figura del legno che Io ho portato con infinito amore e con tanta fatica sino alla cima del Calvario. Non ci sono altre croci.

Vi possono essere altri segni, dei geroglifici simili a quelli scolpiti negli ipogei dei Faraoni o sulle stele degli atzechi, segni, niente più che segni di uomo o di Satana, ma non croci, ma non simbolo di tutto un poema di amore, di redenzione, di vittoria su tutte le forze del Male, quali che siano.

Dal tempo di Mosè ad ora, e da ora al momento del Giudizio[17] una sarà la croce: quella simile alla mia, quella che portò per primo il «serpente», simbolo di vita eterna,

---

Nel dicembre 1941, Pio XII ha denunciato in una produzione messaggio trasmesso tutte le parti «del cristianesimo a loro immagine, un nuovo idolo, in cui non vi è salvezza [...] una nuova religione, senza anima, o anima senza religione, una forma di cristianesimo morte, privati dello spirito di Cristo «.

15   Riferendosi alla svastica nazista

16   Alla dedicazione di una chiesa, la dedizione altrimenti noto, le reliquie dei martiri e degli altri santi sono sigillate nell'altare come un segno dell'unità del Corpo Mistico di Cristo. Questo popolo, le pareti interne e l'altare sono spruzzati con l'acqua santa. L'altare è consacrato con l'unzione con il crisma (olio santo). L'Eucaristia viene celebrata poi.

17   Numeri 21, 4-9; Giovanni 3, 14-15.

quella che portò Me, quella che Io porterò con Me quando
vi apparirò Giudice e Re per giudicare tutti: voi, o miei
benedetti credenti nel mio Segno e nel mio Nome; e voi,
maledetti, parodisti e sacrileghi che avete abbattuto dai
templi, dagli stati e dalle coscienze il mio Segno ed il mio
Nome sostituendovi la vostra sigla satanica e il vostro
nome di satanici.

Uno è il Sacrificio: quello che ripete misticamente il mio,
e nel pane e nel vino vi dà il mio Corpo e il mio Sangue
immolato per voi. Non vi è altro corpo e altro sangue
che possano sostituire la Gran Vittima. E il sangue ed
i corpi che voi immolate, o feroci sacrificatori di chi vi
è soggetto e dei quali disponete - poiché ne avete fatto
corpi di galeotti al remo, marcati del vostro segno come
fossero bestie da macello, resi incapaci anche di pensare
poiché avete rubato, interdetto, colpito questa sovranità
dell'uomo sui bruti, e di esseri intelligenti avete fatto una
enorme mandra di bruti su cui agitate lo staffile ed ai
quali minacciate «morte» anche se osano, soltanto
nel loro interno, giudicarvi - e questo sangue e questi
corpi non celebrano, non sostituiscono, non servono, no,
al sacrificio.

Il mio vi ottiene grazie e benedizioni. Questo vi ottiene
condanna e maledizioni eterne. Sento e vedo i gemiti
e le torture degli oppressi, che voi sgozzate nell'anima
e nella mente più ancora che nel corpo. Non uno dei
vostri soggetti è salvo dal vostro coltello che li svuota
della libertà, della pace, della serenità, della fede, e che
fa di loro degli ebeti morali, degli spauriti, dei disperati,
dei ribelli. Sento e vedo i rantoli degli uccisi e il sangue
che bagna il «vostro» altare. Povero sangue per il quale
Io ho una misericordia che supera ogni misura ed al
quale perdono anche l'errore, perché già l'uomo si è fatto

ad esso punizione e Dio non infierisce là dove già si è espiato.
Ma vi giuro che di quel sangue e di quei gemiti farò il vostro tormento eterno. Mangerete, rigurgiterete, vomiterete sangue, affogherete in esso, avrete l'anima rintronata fino ad impazzire di quei rantoli e di quei gemiti e sarete ossessionati da milioni di larve di volti che vi grideranno i vostri milioni di delitti e vi malediranno. Questo troverete là dove vi attende il padre vostro, re della menzogna e della crudeltà.

E dove è fra voi il Pontefice, il Sacerdote per la celebrazione del rito? Carnefici siete e non sacerdoti. Quello non è un altare: è un patibolo. Quello non è un sacrificio: è una bestemmia. Quella non è una fede: è un sacrilegio.

Scendete, o maledetti, prima che Io vi fulmini con una morte orrenda. Fate una morte almeno da bruti che si ritirano nella tana per morire, sazi di preda. Non attendete su quel vostro piedestallo di dèi infernali che Io vi consegni all'espiazione, non dello spirito, del vostro corpo di belve, e vi faccia morire fra i ludibri della moltitudine e le sevizie dei seviziati d'ora. Vi è un limite. Ve lo ricordo. E non vi è pietà per chi scimmiotta Dio e si rende simile a Lucifero[18].

E voi, o popoli, sappiate esser forti nella verità e nella Giustizia. Le umane filosofie e le umane dottrine sono tutte inquinate di scorie. Quelle di ora sono sature di veleno. Coi serpenti velenosi non si scherza. Viene l'ora che il serpente esce dall'incantamento e vi vibra il morso fatale. Non lasciatevi avvelenare.

---

18   Isaia 14, 9-15.

Rimanete uniti a Me. In Me è giustizia, pace e amore.
Non cercate altre dottrine. Vivete l'Evangelo. Sarete
felici. Vivete di Me, in Me. Non conoscerete le grandi
gioie corporali. Io non le do, queste: do le gioie vere che
non sono unicamente godimento della carne ma anche
dello spirito, le gioie oneste, benedette, sante, che Io ho
concesse e sancite, quelle alle quali non ho ricusato di
prendere parte.

La famiglia, i figli, un onesto benessere, una patria
prospera e tranquilla, una buona armonia coi fratelli e
con le nazioni. Ecco quello che Io chiamo santo e che
benedico. In esso avete anche salute, perché la vita
familiare, onestamente vissuta, dà sanità al corpo; in
esso avete serenità, perché un commercio o professione,
onestamente compiuti, dànno tranquillità di coscienza; in
esso avete pace e prosperità di patria e di paese, perché,
vivendo in buona armonia coi compaesani e con i popoli
vicini, evitate i rancori e le guerre.

Nel vostro sangue fermenta il veleno di Satana, lo
so, poveri figli miei. Ma Io vi ho dato Me stesso per
controveleno. Io vi ho insegnato a incidere su voi, in voi,
il mio Segno che vince Satana.

Circoncidetevi lo spirito di Me. Ben più alta e perfetta
circoncisione! Essa leva alla vostra carne quelle cellule
in cui si annidano i germi di morte e vi innesta la Vita
che Io sono. Essa vi spoglia dell'animalità e vi riveste di
Cristo. Essa vi seppellisce come figli di Adamo colpevole,
e colpevoli voi pure per colpa originale e per colpe
proprie, nel Battesimo e nella Confessione di Cristo, e vi
fa risorgere figli dell'Altissimo.

Non separatevi da Me. Oh! Io bene vi porterò ai Cieli se
rimarrete parte di Me, ed anche - poiché non siete tutti

Principi Cristiani

«cielo», ma sempre in voi resta un poco del fango della Terra - ecco, Io ve lo prometto che la benedizione del Padre non mancherà neppure su questo vostro limo, perché non potrà il Padre che benedire il Figlio suo, e la mia Potenza vi adombrerà talmente - se rimarrete in Me, se con Me pregherete dicendo «Padre nostro» così come Io vi ho insegnato[19] - che il Padre vi darà e il Regno dei Cieli, come è chiesto nella prima parte, e il pane quotidiano e il perdono delle colpe, come è chiesto nella seconda.

Se rimanete in Me, come bambini nel seno della madre, il Padre nostro non potrà vedere che la veste che vi veste: Me, vostro Redentore, vostro Generatore al Cielo e Figlio suo; e sul Figlio, oggetto di tutte le sue compiacenze, per il quale ha fatto, oltre a tutte le cose, anche il perdono e la gloria, per gioia del suo Figlio, che vi vuole perdonati e gloriosi, fare piovere le sue grazie.

La vostra morte Io l'ho distrutta con la mia. Le vostre colpe Io le ho annullate col mio Sangue. In anticipo Io le ho riscattate per voi. Tutto ho reso impotente a nuocervi nella vita futura inchiodando il vostro male, da Adamo ad ogni singolo di voi, alla mia croce. Posso dire di aver consumato tutto il veleno del mondo suggendo la spugna intrisa di fiele e aceto del Golgota e di avervi restituito quel Male in Bene perché, morendone, l'ho distillato e dalla mistura di morte ne ho fatta acqua di Vita, scaturita dal mio petto squarciato.

Rimanete in Me con purità e fortezza. Non siate ipocriti ma sinceri nella Fede. Non sono le pratiche esteriori quelle che costituiscono fede e amore. Queste le hanno anche i sacrileghi, che se ne servono per ingannare voi e procurarsi delle glorie umane. Questo voi non dovete

---

19   Matteo 6, 9-13; Luca 11, 2-4.

essere. Ricordatevi che, come vi ho rigenerati alla Vita della Grazia alla quale eravate morti, così vi ho risuscitati con Me alla Vita eterna. Mirate dunque a quel luogo di Vita. Cercate tutte le cose che vi sono moneta per entrarvi. Tutte le cose dello spirito: la Fede, la Speranza, la Carità, le altre Virtù che fanno dell'uomo un figlio di Dio.

Cercate la Scienza che non erra: quella contenuta nella mia dottrina. Questa è quella che vi rende capaci di guidarvi in modo che il Cielo sia vostro.

Cercate la Gloria. Non la irrisoria e sovente colpevole gloria della terra, che Io condanno sovente, e sempre non giudico essere vera gloria, ma unicamente missione che Dio vi dà perché ve ne facciate un mezzo per giungere alla celeste Gloria. La Gloria vera si ottiene con un capovolgimento dei valori del mondo. Il mondo dice: «Godete, accumulate, siate superbi, prepotenti, senza cuore, odiate per vincere, mentite per trionfare, incrudelite per imperare». Io vi dico: «Siate moderati, continenti, senza sete di carne, di oro, di potenza, siate sinceri, onesti, umili, amorosi, pazienti, miti, misericordiosi[20]. Perdonate chi vi offende, amate chi vi odia, aiutate chi è meno felice di voi. Amate, amate, amate».

In verità vi dico che non un atto di amore, anche se minimo come un sospiro di compassione verso chi soffre, passerà senza ricompensa. Infinita ricompensa in Cielo. Già grande ricompensa, non comprensibile altro che da chi la prova, anche sulla terra. Ricompensa della pace di Cristo a tutti i miei buoni, della luminosità della Parola ai «buonissimi» nei quali Io vengo per trovare il mio

---

20   Matteo 5, 3-12; Luca 6, 20-23

conforto.

Miei cari figli, che amo di un amore ben più grande di tutto l'odio che circola come fluido infernale sulla Terra, amatemi a vostra volta; qualunque cosa facciate o diciate, fatelo in nome del vostro Gesù, rendendo così, per mezzo di Lui, grazie a Dio Padre vostro, e la grazia del Signore permarrà su voi come un usbergo sulla terra e un'aureola sicura per il Cielo.»

Una Nota Di Maria

Quel «discorso» è stato fatto or sono otto giorni circa, perciò verso il 10 o l'11 c.m. In esso era detto, dopo altre svariate frasi, fra le quali questa: che i sacerdoti non sono necessari né a Dio né alle anime, perché sono dei mestieranti ecc. ecc. solo intenti a lucrare sulla loro professione ecc. ecc.; che quando sarà finita la guerra, naturalmente con la vittoria della Germania, un nuovo, vero culto sarà instaurato, nuovi veri templi saranno aperti, e là i fedeli della nuova fede andranno a veder consumare il sacrificio in cui sarà portato il pane dato al popolo germanico e il sangue del medesimo.

Parole e promesse fatte da Hitler ai suoi sudditi.

25 Maggio 1944: La Testimonianza Di Valtorta.

Tenterò descrivere la inesprimibile, ineffabile, beatifica visione della tarda sera di ieri, quella che dal sogno dell'anima mi condusse al sogno del corpo per apparirmi ancor più nitida e bella al mio ritorno ai sensi. E prima di accingermi a questa descrizione, che sarà sempre lontana dal vero più che non noi dal sole, mi sono chiesta: «Devo prima scrivere, o prima fare le mie penitenze?» Mi ardeva di descrivere ciò che fa la mia gioia, e so che dopo la penitenza sono più tarda alla fatica materiale dello scrivere.

Ma la voce di luce dello Spirito Santo - la chiamo così perché è immateriale come la luce eppure è chiara come la più sfolgorante luce, e scrive per lo spirito mio le sue parole che son suono e fulgore e gioia, gioia, gioia - mi dice avvolgendomi l'anima nel suo baleno d'amore: «Prima la penitenza e poi la scrittura di ciò che è la tua gioia. La penitenza deve sempre precedere tutto, in te, poiché è quella che ti merita la gioia. Ogni visione nasce da una precedente penitenza e ogni penitenza ti apre il cammino ad ogni più alta contemplazione. Vivi per questo. Sei amata per questo. Sarai beata per questo. Sacrificio, sacrificio. La tua via, la tua missione, la tua forza, la tua gloria. Solo quando ti addormenterai in Noi cesserai di esser ostia per divenire gloria».

Allora ho fatto prima tutte le mie giornaliere penitenze. Ma non le sentivo neppure. Gli occhi dello spirito «vedevano» la sublime visione ed essa annullava la sensibilità corporale. Comprendo, perciò, il perché i martiri potessero sopportare quei supplizi orrendi sorridendo. Se a me, tanto inferiore a loro in virtù, una contemplazione può, effondendosi dallo spirito ai sensi corporali, annullare in essi la sensibilità dolorifica, a loro, perfetti nell'amore come creatura umana può esserlo e vedenti, per la loro perfezione, la Perfezione di Dio senza velami, doveva accadere un vero annullamento delle debolezze materiali. La gioia della visione annullava la miseria della carne sensibile ad ogni sofferenza.

Ed ora cerco descrivere.

Ho rivisto[21] il Paradiso. E ho compreso di cosa è fatta la sua Bellezza, la sua Natura, la sua Luce, il suo Canto. Tutto, insomma. Anche le sue Opere, che sono quelle che, da tant'alto, informano, regolano, provvedono a tutto l'universo creato. Come già l'altra volta, nei primi del corrente anno, credo, ho visto la Ss. Trinità. Ma andiamo per ordine.

Anche gli occhi dello spirito, per quanto molto più atti a sostenere la Luce che non i poveri occhi del corpo che non possono fissare il sole, astro simile a fiammella di fumigante lucignolo rispetto alla Luce che è Dio, hanno bisogno di abituarsi per gradi alla contemplazione di questa alta Bellezza.

Dio è così buono che, pur volendosi svelare nei suoi

---

21   Già visto il 10 gennaio

fulgori, non dimentica che siamo poveri spiriti ancor prigionieri in una carne, e perciò indeboliti da questa prigionia. Oh! come belli, lucidi, danzanti, gli spiriti che Dio crea ad ogni attimo per esser anima alle nuove creature! Li ho visti e so. Ma noi... finché non torneremo a Lui non possiamo sostenere lo Splendore tutto d'un colpo. Ed Egli nella sua bontà ce ne avvicina per gradi.

Per prima cosa, dunque, ieri sera ho visto come una immensa rosa. Dico «rosa» per dare il concetto di questi cerchi di luce festante che sempre più si accentravano intorno ad un punto di un insostenibile fulgore.

Una rosa senza confini! La sua luce era quella che riceveva dallo Spirito Santo. La luce splendidissima dell'Amore eterno. Topazio e oro liquido resi fiamma... oh! non so come spiegare! Egli raggiava, alto, alto e solo, fisso nello zaffiro immacolato e splendidissimo dell'Empireo, e da Lui scendeva a fiotti inesausti la Luce. La Luce che penetrava la rosa dei beati e dei cori angelici e la faceva luminosa di quella sua luce che non è che il prodotto della luce dell'Amore che la penetra. Ma io non distinguevo santi o angeli. Vedevo solo gli immisurabili festoni dei cerchi del paradisiaco fiore.

Ne ero già tutta beata e avrei benedetto Dio per la sua bontà, quando, in luogo di cristallizzarsi così, la visione si aprì a più ampi fulgori, come se si fosse avvicinata sempre più a me permettendomi di osservarla con l'occhio spirituale abituato ormai al primo fulgore e capace di sostenerne uno più forte.

E vidi Dio Padre: Splendore nello splendore del Paradiso. Linee di luce splendidissima, candidissima, incandescente. Pensi lei: se io lo potevo distinguere in quella marea di luce, quale doveva esser la sua Luce che, pur circondata da tant'altra, la annullava facendola come un'ombra di riflesso rispetto al suo splendere? Spirito... Oh! come si vede che è spirito! È Tutto. Tutto tanto è perfetto. È nulla perché anche il tocco di qualsiasi altro spirito del Paradiso non potrebbe toccare Dio, Spirito perfettissimo, anche con la sua immaterialità: Luce, Luce, niente altro che Luce.

Di fronte al Padre Iddio era Dio Figlio. Nella veste del suo Corpo glorificato su cui splendeva l'abito regale che ne copriva le Membra Ss. senza celarne la bellezza superindescrivibile. Maestà e Bontà si fondevano a questa sua Bellezza. I carbonchi delle sue cinque Piaghe saettavano cinque spade di luce su tutto il Paradiso e aumentavano lo splendore di questo e della sua Persona glorificata.

Non aveva aureola o corona di sorta. Ma tutto il suo Corpo emanava luce, quella luce speciale dei corpi spiritualizzati che in Lui e nella Madre è intensissima e si sprigiona dalla Carne che è carne, ma non è opaca come la nostra. Carne che è luce. Questa luce si condensa ancor di più intorno al suo Capo. Non ad aureola, ripeto, ma da tutto il suo Capo. Il sorriso era luce e luce lo sguardo, luce trapanava dalla sua bellissima Fronte, senza ferite. Ma pareva che, là dove le spine un tempo avevano tratto sangue e dato dolore, ora trasudasse più viva luminosità.

Gesù era in piedi col suo stendardo regale in mano come nella visione che ebbi in gennaio, credo.

Un poco più in basso di Lui, ma di ben poco, quanto può esserlo un comune gradino di scala, era la Ss. Vergine. Bella come lo è in Cielo, ossia con la sua perfetta bellezza umana giorificata a bellezza celeste.

Stava fra il Padre e il Figlio che erano lontani tra loro
qualche metro. (Tanto per applicare paragoni sensibili).
Ella era nel mezzo e, con le mani incrociate sul petto - le
sue dolci, candidissime, piccole, bellissime mani - e col
volto lievemente alzato - il suo soave, perfetto, amoroso,
soavissimo volto - guardava, adorando, il Padre a il Figlio.
Piena di venerazione guardava il Padre. Non diceva
parola. Ma tutto il suo sguardo era voce di adorazione
e preghiera e canto. Non era in ginocchio. Ma il suo
sguardo la faceva più prostrata che nella più profonda
genuflessione, tanto era adorante. Ella diceva: «Sanctus!»,
diceva: «Adoro Te!» unicamente col suo sguardo.

Guardava il suo Gesù piena di amore. Non diceva parola.
Ma tutto il suo sguardo era carezza. Ma ogni carezza di
quel suo occhio soave diceva: «Ti amo!». Non era seduta.
Non toccava il Figlio. Ma il suo sguardo lo riceveva
come se Egli le fosse in grembo circondato da quelle
sue materne braccia come e più che nell'infanzia e nella
Morte. Ella diceva: «Figlio mio!», «Gioia mia!», «Mio amore!»
unicamente col suo sguardo.

Si beava di guardare il Padre e il Figlio. E ogni tanto
alzava più ancora il volto e lo sguardo a cercare l'Amore
che splendeva alto, a perpendicolo su Lei. E allora la sua
luce abbagliante, di perla fatta luce, si accendeva come
se una fiamma la investisse per arderla e farla più bella.
Ella riceveva il bacio dell'Amore e si tendeva con tutta
la sua umiltà e purezza, con la sua carità, per rendere
carezza a Carezza e dire: «Ecco. Son la tua Sposa e ti amo
e son tua. Tua per l'eternità». E lo Spirito fiammeggiava
più forte quando lo sguardo di Maria si allacciava ai suoi
fulgori.

E Maria riportava il suo occhio sul Padre e sul Figlio.

Pareva che, fatta deposito dall'Amore, distribuisse questo. Povera immagine mia! Dirò meglio. Pareva che lo Spirito eleggesse Lei ad essere quella che, raccogliendo in sé tutto l'Amore, lo portasse poi al Padre e al Figlio perché i Tre si unissero e si baciassero divenendo Uno. Oh! gioia comprendere questo poema di amore! E vedere la missione di Maria, Sede dell'Amore!

Ma lo Spirito non concentrava i suoi fulgori unicamente su Maria. Grande la Madre nostra. Seconda solo a Dio. Ma può un bacino, anche se grandissimo, contenere l'oceano? No. Se ne empie e ne trabocca. Ma l'oceano ha acque per tutta la terra. Così la Luce dell'Amore. Ed Essa scendeva in perpetua carezza sul Padre e sul Figlio, li stringeva in un anello di splendore. E si allargava ancora, dopo essersi beatificata col contatto del Padre e del Figlio che rispondevano con amore all'Amore, e si stendeva su tutto il Paradiso.

Ecco che questo si svelava nei suoi particolari... Ecco gli angeli. Più in alto dei beati, cerchi intorno al Fulcro del Cielo che è Dio Uno e Trino con la Gemma verginale di Maria per cuore. Essi hanno somiglianza più viva con Dio Padre. Spiriti perfetti ed eterni, essi sono tratti di luce, inferiore unicamente a quella di Dio Padre, di una forma di bellezza indescrivibile. Adorano... sprigionano armonie. Con che? Non so. Forse col palpito del loro amore. Poiché non son parole; e le linee delle bocche non smuovono la loro luminosità. Splendono come acque immobili percosse da vivo sole. Ma il loro amore è canto. Ed è armonia così sublime che solo una grazia di Dio può concedere di udirla senza morirne di gioia.

Più sotto, i beati. Questi, nei loro aspetti spiritualizzati, hanno più somiglianza col Figlio e con Maria. Sono più compatti, direi sensibili all'occhio e - fa impressione - al tatto, degli angeli. Ma sono sempre immateriali. Però in essi sono più marcati i tratti fisici, che differiscono in uno dall'altro. Per cui capisco se uno è adulto o bambino, uomo o donna. Vecchi, nel senso di decrepitezza, non ne vedo. Sembra che anche quando i corpi spiritualizzati appartengono ad uno morto in tarda età, lassù cessino i segni dello sfacimento della nostra carne. Vi è maggior imponenza in un anziano che in un giovane. Ma non quello squallore di rughe, di calvizie, di bocche sdentate e schiene curvate proprie negli umani. Sembra che il massimo dell'età sia di 40, 45 anni. Ossia virilità fiorente anche se lo sguardo e l'aspetto sono di dignità patriarcale.

Fra i molti... oh! quanto popolo di santi!... e quanto popolo di angeli! I cerchi si perdono, divenendo scia di luce per i turchini splendori di una vastità senza confini! E da lungi, da lungi, da questo orizzonte celeste viene ancora il suono del sublime alleluia e tremola la luce che è l'amore di questo esercito di angeli e beati...

Fra i molti vedo, questa volta, un imponente spirito. Alto, severo, e pur buono. Con una lunga barba che scende sino a metà del petto e con delle tavole in mano. Le tavole sembrano quelle cerate che usavano gli antichi per scrivere. Si appoggia con la mano sinistra ad esse che tiene, alla loro volta, appoggiate al ginocchio sinistro. Chi sia non so. Penso a Mosè o a Isaia. Non so perché. Penso così. Mi guarda e sorride con molta dignità.

Null'altro. Ma che occhi! Proprio fatti per dominare le folle e penetrare i segreti di Dio.

Lo spirito mio si fa sempre più atto a vedere nella Luce. E vedo che ad ogni fusione delle tre Persone, fusione che si ripete con ritmo incalzante ed incessante come per pungolo di fame insaziabile d'amore, si producono gli incessanti miracoli che sono le opere di Dio.

Vedo che il Padre, per amore del Figlio, al quale vuole dare sempre più grande numero di seguaci, crea le anime. Oh! che bello! Esse escono come scintille, come petali di luce, come gemme globulari, come non sono capace di descrivere, dal Padre. È uno sprigionarsi incessante di nuove anime... Belle, gioiose di scendere ad investire un corpo per obbedienza al loro Autore. Come sono belle quando escono da Dio! Non vedo, non lo posso vedere essendo in Paradiso, quando le sporca la macchia originale.

Il Figlio, per zelo per il Padre suo, riceve e giudica, senza soste, coloro che, cessata la vita, tornano all'Origine per esser giudicati. Non vedo questi spiriti. Comprendo se essi sono giudicati con gioia, con misericordia, o con inesorabilità, dai mutamenti dell'espressione di Gesù. Che fulgore di sorriso quando a Lui si presenta un santo! Che luce di mesta misericordia quando deve separarsi da uno che deve mondarsi prima di entrare nel Regno! Che baleno di offeso e doloroso corruccio quando deve ripudiare in eterno un ribelle!

È qui che comprendo ciò che è il Paradiso. E ciò di che è fatta la sua Bellezza, Natura, Luce e Canto. È fatta dall'Amore. Il Paradiso è Amore. È l'Amore che in esso crea tutto. È l'Amore la base su cui tutto si posa. È l'Amore l'apice da cui tutto viene.

Il Padre opera per Amore. Il Figlio giudica per Amore. Maria vive per Amore. Gli angeli cantano per Amore. I beati osannano per Amore. Le anime si formano per Amore. La Luce è perché è l'Amore. Il Canto è perché è l'Amore. La Vita è perché è l'Amore. Oh! Amore! Amore! Amore!... Io mi annullo in Te. Io risorgo in Te. Io muoio, creatura umana, perché Tu mi consumi. Io nasco, creatura spirituale, perché Tu mi crei.

Sii benedetto, benedetto, benedetto, Amore, Terza Persona! Sii benedetto, benedetto, benedetto, Amore, che sei amore delle Due Prime! Sii benedetto, benedetto, benedetto, Amore, che ami i Due che ti precedono! Sii benedetto Tu che mi ami. Sii benedetto da me che ti amo perché mi permetti di amarti e conoscerti, o Luce mia...

Ho cercato nei fascicoli, dopo aver scritto tutto questo, la precedente contemplazione del Paradiso. Perché? Perché diffido sempre di me e volevo vedere se una delle due era in contraddizione con l'altra. Ciò mi avrebbe persuasa che sono vittima di un inganno.

No. Non vi è contraddizione. La presente è ancor più nitida ma ha le linee essenziali uguali. La precedente è alla data 10 gennaio 1944. E da allora io non l'avevo mai più guardata. Lo assicuro come per giuramento.

25 Maggio 1944: Gesù.

sera

Dice sera Gesù:

«**N**el Paradiso che l'Amore ti ha fatto contemplare vi sono unicamente i «vivi» di cui parla Isaia nel capitolo 4, una delle profezie che saranno lette domani l'altro[22]. E come si ottiene questo esser «vivi» lo dicono le parole susseguenti. Con lo spirito di giustizia e con lo spirito di carità si annullano le macchie già esistenti e si preserva da novelle corruzioni[23].

Questa giustizia e questa carità che Dio vi dà e che voi gli dovete dare, vi condurranno e vi manterranno all'ombra del Tabernacolo eterno. Là il calore delle passioni e le tenebre del Nemico diverranno cosa innocua poiché saranno neutralizzate dal Protettore vostro Ss., che più amoroso di chioccia per i suoi nati vi terrà al riparo delle sue ali e vi difenderà contro ogni soprannaturale assalto. Ma non allontanatevi mai da Lui che vi ama.

Pensa, anima mia, alla Gerusalemme che ti è stata mostrata. Non merita ogni cura per possederla? Vinci.

---

22   Nel Messale allora vigente.
23   Isaia 4: 4.

Io ti attendo. Noi ti attendiamo. Oh! questa parola che vorremmo dire a tutti i creati, almeno a tutti i cristiani, almeno a tutti i cattolici, e che possiamo dire a tanto pochi!

Basta perché sei stanca. Riposa pensando al Paradiso.»

29 Giugno 1944: Gesù.

Dice Gesù:

«Per amore di ubbidienza e verità. Sei stata molto castigata per non avere voluto seguire la «voce» interna e la parola del tuo Direttore. Ma se il castigo dura, la colpa è stata annullata dalla causa stessa che ti ha portata a fare resistenza. Hai agito per un motivo d'amore e l'amore copre il peccato e lo distrugge. Però non farlo più. Sopra le voci di qualsiasi genere vi è la mia e quella di chi parla in mio nome, e queste vanno sempre ascoltate. Hai agito da bambina sventata. Ma poiché sono giusto, calcolo le attenuanti e guardo il motivo d'amore che, se anche umano, è sempre amore, e saprò trarre un bene anche da questo tuo sbaglio. Va' in pace.»

Piu Tardi Dice Gesù:

«Ogni vivente ed ogni cosa dei viventi muore e dilegua per non più tornare. Gioia, dolore, salute, malattia, vita, sono episodi che vengono e si dissolvono, prima o poi, né tornano, in quella forma, mai più. Potrà la gioia o il dolore, la salute o la malattia, tornare con altre forme e altri volti. Ma quella data gioia, quel dato dolore, quella malattia, quella salute non tornano più. È cosa del momento. Passato quel momento, verrà un altro momento consimile, ma non mai più quello.

E la vita... Oh! la vita, passata che sia, non torna mai più. Vi è data un'ora di eternità, un momento di eternità per conquistarvi l'Eternità.

Non hai mai riflettuto che potrebbe essere questo motivo applicato alla parabola delle mine di cui parla Luca[24]?

Vi è data una moneta di eternità. Il Signore ve la affida e vi dice: «Andate. Negoziate la vostra moneta finché Io ritorno». E al suo ritorno, anzi al vostro ritorno a Lui, Egli vi chiede: «Che ne hai fatto della moneta avuta?». E il servo fedele, lui felice, può rispondere: «Ecco, mio Re. Con questa moneta di eternità ho fatto questo, questo e questo lavoro. E, non per calcolo mio, ma per parola angelica, so di aver guadagnato dieci volte tanto». E a lui il Signore dice: «Bravo servo fedele! Poiché sei stato fedele nel poco, avrai potere su dieci città e, nel tuo caso, regnerai qui, dove Io regno per l'eternità, subito, poiché hai lavorato come più e meglio non potevi».

---

24   Luca 19, 11-27.

Un altro, chiamato da Dio, dirà: «Con la tua moneta ho fatto questo e questo. Vedi, mio Re, ciò che di me è scritto». Ed Io dirò: «Anche tu entra, poiché hai lavorato come e quanto hai potuto».

Ma a colui che mi dirà: «Ecco: la moneta è tale a quale. Io non l'ho negoziata perché avevo paura della tua giustizia», dirò: «Va' a conoscere l'Amore nel Purgatorio e lavora là a conquistarti il regno, poiché sei stato un servo ignavo né ti sei dato pena di conoscere chi Io sono e mi hai giudicato ingiusto, dubitando della giustizia mia e dimenticando che Io sono l'Amore. Il tuo denaro sia mutato in espiazione».

E a quello che mi si presenterà dicendo: «io ho dilapidato la tua moneta e me la sono goduta poiché non credevo che vi fosse realmente questo Regno e ho voluto godere l'ora che mi era data», Io dirò sdegnato: «Servo stolto e bestemmiatore! Ti sia levato il mio dono e sia versato nel Tesoro eterno, e tu va' dove Dio non è e non è Vita, poiché hai voluto non credere e hai voluto godere. Hai goduto. Hai avuto dunque già la tua gioia di carne senza anima. Basta. Il Regno d'eternità ti è per sempre chiuso».

Quante volte non dovrei tuonare queste parole, se fossi soltanto Giustizia! Ma l'Amore è più grande della mia Giustizia. Perfetta l'una e perfetto l'altro. Ma l'Amore è la mia natura e ha la precedenza sulle mie altre perfezioni. Ecco perché temporeggio col peccatore operando in modo che non perisca del tutto il colpevole.

Vi do tempo. Questo è amore ed è giustizia insieme. Che direste se vi percuotessi al primo errore? Direste: «Ma, Signore! Se mi davi tempo da riflettere mi sarei pentito!». Vi lascio tempo. Una, due, dieci, settanta volte mancate e potrei colpirvi. Vi do tempo. Perché non possiate dirmi:

«Non hai avuto benignità».

No. Siete voi che non siete benigni con voi stessi. E vi defraudate della ricchezza che Io ho creata per voi. E vi suicidate levandovi la Vita che vi ho creata.

La maggioranza di voi disperde o fa mal uso della moneta di eternità che Io vi dono, e della giornata terrena fate non già la vostra eterna gloria ma il mezzo di una eterna sofferenza. La minoranza, avendo paura della mia Giustizia, sta inerte e si condanna a imparare chi è Dio-Amore fra le fiamme dell'amore purgativo.

Solo una parte piccolissima sa apprezzare la mia moneta e farla fruttare al dieci per uno, sa tuffarsi nell'amore come pesce in limpida peschiera e risalire la corrente per giungere alla sorgente, al Dio suo, e dirgli: «Eccomi. Ho creduto, amato, sperato in Te. Tu sei stato la mia fede, il mio amore, la mia speranza. Ora vengo, e la mia fede e la mia speranza cessano e tutto diviene amore. Poiché ora non ho più bisogno di credere che Tu sei, ora non ho più bisogno di sperare in Te e in questa Vita. Ora ti ho, mio Dio. E l'amarti, unicamente l'amarti, è l'eterno compito di questa mia eterna Vita».

Sii di queste, anima mia, e la mia pace sia con te per aiutarti a questa opera.»

L'Anima In Purgatorio Di Montefalco

Estratto da «Chi muore deve vedere...'
di Dolindo Ruotolo, sacerdote. Ch XIII

Prima di finire il mistero e la realtà assoluta del Purgatorio, si parlerà di manifestazione di un'anima in Purgatorio, cosa accaduta nella città di Montefalco, nella diocesi di Spoleto, Italia, dal 2 settembre 1918 al 9 novembre 1919. Le seguenti manifestazioni, con le deposizioni dei testimoni, altamente rispettati per la loro fede, ha avuto la conferma di una prova ecclesiale richiesta da Mons. Pietro Pacifici, Vescovo di Spoleto, Italia dal 27 luglio al 8 agosto 1921. Di seguito che cosa accadde.

Tutte le manifestazioni straordinarie, nel complesso 28, accadute nel monastero di San Leonardo a Montefalco, dove ha vissuto una grande comunità di Clarisse (le Clarisse vi hanno attualmente il loro monastero)[25]. Il 2 settembre il campanello squillò nella sagrestia e suor Maria Teresa di Gesù, la badessa del Convento, andò a rispondere. Una voce le disse:

[25] Le Clarisse sono le monache di clausura, cioè non escono dal loro monastero e difficilmente vedono qualcuno, neanche quando qualcuno vuole comunicare con loro. Le monache parlano alla gente attraverso un reticolo di piccole dimensioni. Per accettare donazioni le monache hanno una tavola che ruota attraverso un'apertura nella porta. Le donazioni vengono messe sulla tavola rotante e la monaca gira la tavola per prelevare la donazione

«Devo lasciare qui questa elemosina.»
La sorella girò la tavola rotante e trovò 10 lire su di essa.

La badessa chiese il motivo del denaro, se era per la celebrazione di una Santa Messa speciale per qualcuno o per un Triduo o altre preghiere. La voce disse: «Nessuna ragione.»

La badessa chiese: «Mi scusi, ma posso chiedere chi siete?»

La voce disse: «Non è importante sapere.»

La voce suonava gentile, ma dolorosa, lontana e di fretta, come di qualcuno che si stava nascondendo.

Questo è accaduto anche il 5 ottobre 1918, 31 ottobre, 29 novembre, 9 dicembre, 1 e 29 gennaio, 1919, sempre nello stesso modo. Sulla tavola rotante venivano lasciate 10 lire e alla domanda della Badessa, la voce rispondeva: «La preghiera è sempre buona.»

Il 14 marzo 1919, mentre le suore stavano facendo il loro esame di coscienza, circa alle 8 di sera, la campana suonò due volte. La badessa andò alla porta e ruotando la tavola trovò nuovamente 10 lire. Però nessuno rispose alle sue domande. Sorpresa, la badessa chiamò una serva perché andasse attorno alla parte esterna della loro Chiesa, che era chiusa a quell'ora del giorno e solo le monache avevano le chiavi, e vedere se c'era qualcuno fuori. Nessuno era né attorno né in chiesa.

Da allora in poi le sorelle cominciarono a sospettare che chi stava dando l'elemosina non fosse una persona terrena.

L'11 aprile, di nuovo come prima, vennero trovate 10 lire sulla tavola rotante, tuttavia questa volta la voce rispose alla badessa, chiedendo preghiere per un defunto.

Il 2 maggio si è verificata la decima manifestazione.

Un po' prima del tempo di silenzio, circa alle 9.30 di sera, il campanello squillò di nuovo. Questa volta la badessa andò con altre tre sorelle, suor Mary Francis delle Cinque Piaghe, Sorella Amante Maria di San Antonio e Suor Angelica Ruggeri. Trovarono sulla tavola rotante 20 lire in due pezzi di carta da 10 lire, ciascuno messo giù in forma di croce. Di nuovo, nessuno era in vista e nessuno era in chiesa.

Il 25 maggio, 4 giugno e 21 giugno sono state nuovamente trovate 10 lire ogni volta sulla tavola rotante ma nessuno rispose o era in vista.

Il 7 luglio, circa alle 2 di pomeriggio, il campanello squillò. La badessa pensò che ci fossero bambini in chiesa e, poiché le suore stavano facendo il loro ritiro, scese di non rispondere. Chiuse gli occhi per riposare un po' ma una voce fuori della camera disse:

«Il campanello ha squillato nella sagrestia».

Quindi entrò in sagrestia e sentì la solita voce dire: «Lascio qui 10 lire per le preghiere».

«Nel nome di Dio, chi siete?» chiese la Badessa.

La voce disse: «Non è permesso « e non sono state più udite parole. La badessa più tardi chiese alle altre sorelle se qualcuna di loro l'avesse chiamata da fuori dalla sua camera. Ma nessuna l'aveva chiamata.

Il 18 luglio, dopo il silenzio della sera, circa alle 9.30 di sera, la badessa andò a chiudere la porta del forno lasciata aperta quando il campanello squillò. Andò alla sacrestia e dicendo il saluto: «Siano lodati Gesù e Maria», sentì la voce che rispondeva: «Amen», e che poi aggiunse: «Vi lascio qui l'elemosina per la consueta preghiera». La badessa, raccogliendo il suo coraggio, chiese: «Nel nome di Dio e la Santa Trinità, chi siete?» La stessa voce rispose: «Non è consentito», e niente altro. Di nuovo, non c'era in giro nessuno e la Chiesa chiusa era vuota. Il 27 luglio, la badessa trovò sulla tavola rotante 10 lire ma non sapeva chi vi aveva messo l'elemosina.

Il 12 agosto, circa alle 8 di sera, di nuovo il campanello, di nuovo le 10 lire sulla tavola rotante. Questa volta la badessa andò alla porta con altre due religiose, suor Maria Nazarena dell'Addolorata e Suor Chiara Benedetta Giuseppina del Sacro Cuore. Ancora una volta non c'era nessuno in vista. Il Reverendo Padre Alessandro Climati, Parroco della Chiesa du San Bartolomeo e confessore delle monache, venne chiamato, così come Padre Agazio Tabarrini, Parroco di Casale, Cappellano del monastero e padre Angelo Custode dei francescani cappuccini. Essi guardarono nella Chiesa insieme alla serva. La chiesa era vuota. Il 19 agosto, circa alle 6.30 di sera, il campanello squillò di nuovo. La badessa disse il messaggio di saluto «Siano lodati Gesù e Maria» e la voce rispose: «Amen» e disse subito: «Vi lascio questa elemosina per le preghiere». La badessa rispose: «Dobbiamo dire le preghiere, ma tenete i vostri soldi e dateli a qualcuno che ne ha più bisogno». La voce in un tono addolorato disse: «Oh no, per favore li prenda, è un atto di misericordia».

La badessa chiese: «È permesso sapere chi siete?» La voce rispose: «Sono sempre io « e non si udì niente altro. Furono lasciate 10 lire. Lo stesso è accaduto il 28 agosto e il 4 settembre. La badessa non ha mai ricevuto una risposta. Il 16 settembre, circa alle 9.15 di sera, la badessa stava chiudendo a chiave il dormitorio quando sentì squillare il campanello. Andò alla porta insieme ad un'altra monaca e trovò 10 lire sulla tavola rotante. La badessa decise di non prendere i soldi e stava per andarsene quando udì una voce che diceva: «Prendetelo, è per soddisfare la giustizia divina». La badessa disse: «Ripeti questa breve preghiera: Sia benedetta la santa, più pura, l'Immacolata Concezione, la Santissima Vergine Maria». La breve preghiera venne fedelmente ripetuta. Il 21 settembre sulla tavola rotante vennero 10 lire ma nessuno era in vista. Il 3 ottobre, circa alle 9 di sera, passato il momento di silenzio, la badessa stava guardando fuori della finestra nella sua camera quando sentì il campanello della porta. Quando si svolse la solita conversazione la badessa rifiutò di prendere i soldi dicendo che il suo confessore non era soddisfatto, perché egli pensava che fosse una manifestazione diabolica. Arrivò la risposta: «Io sono un'anima in Purgatorio. Sono stata 40 anni Purgatorio perché ho sperperato i beni della Chiesa.»

Il 6 ottobre una Santa Messa è stata celebrata in suffragio di questa anima. Poco dopo il campanello squillò e alla badessa che era andata alla porta, la voce disse: «La ringrazio molto. Vi lascio qui questa elemosina». La badessa voleva parlare un po di più ma non ricevette più risposte. La sacrestia era chiusa ma sulla tavola rotante furono lasciate 10 lire.

La stessa cosa è accaduta il 10 ottobre. Quando la badessa fece ulteriori domande circa la sua identità, la solita voce disse: «Il giudizio di Dio è corretto e giusto.»

«Ma come è possibile. Ho fatto dire diverse Messe per voi, e solo una è sufficiente per liberare un anima ma voi siete ancora in Purgatorio?» La voce rispose: «Io ricevo solo una piccola parte di essa.» La voce non rispose a nessun'altra domanda. Anche questa volta vennero lasciate 20 lire.

Il 20 ottobre alle 8.45 di sera, il tempo del silenzio era appena iniziato e la Badessa con Suor Maria Rosalia della Croce e Suor Clare Giuseppa del Sacro Cuore erano andare al piano di sopra quando il campanello squillò. La badessa trovò le solite 10 lire ma nessuno rispose. Non prese l'elemosina per andare a chiudere la porta del dormitorio. Il campanello squillò di nuovo. Andò di nuovo alla porta e al suo saluto: «Sia lodato Gesù e Maria», la voce disse: «Amen». Quindi quasi impercettibilmente la voce disse: «La prego di prendere questa elemosina, è un atto di misericordia.» Dopo la badessa la prese la voce disse: «Grazie!»

Il 30 ottobre, alle 2.45 di pomeriggio, la badessa udì una voce dalla camera accanto che diceva: «Il campanello ha squillato». Andò ad aprire la griglia della porta e al suo solito saluto la voce rispose: «Amen. Vi lascio qui l'elemosina». La badessa senza lasciarlo finire di parlare disse subito: «Mi dispiace, per ordine del mio confessore che non posso prendere la tua elemosina. In nome di Dio e per ordine del mio confessore, ditemi chi siete. Siete un sacerdote?». La voce rispose: «Sì». «La merce che avete sperperato apparteneva a questo monastero?» «No, ma ho il permesso di portare il denaro qui» fu la risposta. La badessa disse: «Da dove hai preso questo denaro?»[26]

26 Secondo un suggestivo suggerimento dell'editore inglese del presente libro, padre Cristoforo Rengers, C.A.P.: «Pensavo troppo come questa anima abbia fatto ad ottenere il denaro. La mia teoria è che il sacerdote abbia accumulato un po' alla volta un tesoro personale ingiusto. Gli era quindi stato comandato di ripristinarlo poco a poco, proprio come egli l'aveva accumulato. Perciò stava restituendo le stesse identiche monete che aveva ingiustamente nascosto per farne uso privato più avanti. È solo una fantasiosa teoria ed elimina la necessità di altri possibili miracoli».

l'anima disse: «Il giudizio di Dio è corretto e giusto.» La badessa disse: «Non credo che voi siate un'anima, credo che siate qualcuno che si facendo un cattivo scherzo.» L'anima disse: «Volete un segno?» «No,» rispose la badessa, «perché sono spaventata. Posso andare a chiamare un'altra sorella. Torno subito». L'anima ha detto: «Io non posso attendere. Non ho il permesso.»

È più probabile che a questa anima non fosse permesso dare un segno in presenza di altri per la paura e la confusione che ne sarebbero conseguite. La badessa prese le 10 lire e l'anima disse: «Adesso devo inserire la preghiera.».

Fino a quel giorno l'anima aveva messo sulla tavola rotante 300 lire. Quando l'anima ringraziò la badessa per aver preso il denaro, la badessa disse: «Pregate per me. Per le nostre comunità e il nostro confessore?» L'anima rispose: «Benedictus Dei qui...» (La benedizione di Dio che..). La voce parlò affievolendosi dolcemente fino a che non si sentì più. Tuttavia la voce questa volta non sembrano essere molto di fretta come le volte precedenti ed era meno cava; mentre in altri momenti sembrava provenire da fuori, ora sembrava che stesse parlando all'orecchio destro e quando uscì venne udita dall'orecchio sinistro.

Il 9 novembre si è verificata l'ultima delle manifestazioni. Circa alle 4.15 di pomeriggio la badessa sentì dal dormitorio il campanello della porta della sacrestia. Al suo saluto: «Siano lodati Gesù e Maria», la solita risposta vocale: «Sia lodato per sempre. Ringrazio voi e tutte le vostre comunità perché ora io sono fuori di tutte le mie sofferenze.» La badessa rispose: «Ringrazia anche ai sacerdoti che hanno detto tante Messe per voi, lo fareste? Il confessore, Fr. Luigi Bianchi, Padre Agazio?» La voce disse: «Ringrazio tutti voi.» La badessa sottolineò: «Vorrei andare al Purgatorio dove siete stato voi, in questo modo sarei più sicura ...» L'anima rispose: «Fate la volontà di Dio Onnipotente».

La Badessa: «Pregherete per me, per la Comunità e per i miei genitori se sono in Purgatorio, per il confessore, Fr. Luigi Bianchi, per il Papa, per i Vescovi, per il cardinale Ascalesi?» L'anima disse: «Sì». La Badessa: «Benedici me e le persone che ho nominato».

L'anima: «Benedictio Domini super vos». (La benedizione di Dio su tutti voi).

La mattina prima di questa ultima manifestazione Don Luigi Bianchi S.J, aveva celebrato una Santa Messa presso l'altare privilegiato nella Chiesa dei Gesuiti e la Chiesa del Gesù a Roma. All'inizio delle manifestazioni la voce del defunto sacerdote era triste.

Col passare del tempo diventava sempre più allegra e l'ultima volta sembrava molto felice. Il suono del campanello inizialmente era triste e debole. Ora sembrava trasmettere una sensazione di pace e di allegria nel cuore di coloro che hanno sentito parlare di esso. Dopo le prime manifestazioni, tutte le suore pregarono per il defunto non appena lo sentivano. Con le 300 lire che l'anima aveva portato sono state celebrate 38 Messe per lei.

Questo racconto è autentico, scritto dalle Suore Clarisse del Monastero di San Leonardo a Montefalco, Italia.

È stato segnalato immediatamente all'Arcivescovo
di Spoleto, Mons. Pietro pacifici, a Sua Eminenza il
Cardinale Pompili, Vicario del Santo Padre a Roma, a Sua
Eminenza il Cardinale Ascalesi in Italia a Napoli e a molte
altre persone. I numeri di serie 041161 e 2694 di una
delle banconote da 10 lire è stato tenuto a mente.

Nel luglio 1921, Mons. Pietro Pacifici ha voluto istituire
un processo canonico e ha chiamato mons. Giovanni
Capobianco che era il giudice della Corte da Roma.

Gli atti originali del processo sono conservati nell'archivio
della curia arcivescovile di Spoleto. Sono 200 pagine nel
protocollo. In esso c'è la deposizione di dodici testimoni
richiesti dal postulatore. Questi sono le sette monache,
il Rev. Fr. Agazio Tabarrini, Cappellano del monastero,
il francescano cappuccino Fr. Valentino da Giano, Millei
Caterina, serva del Monastero, p. Thomas Casciola,
parroco associato a San Bartolomeo Chiesa e Mr.Ponziani
Vergari.

Tre disposizioni supplementari sono state aggiunte
ex officio: il più eminente Cardinale Alessio Ascalesi,
Mons. Climati e il dottor Alessandro Tassinari, medico
di Montefalco. In appendice a quanto sopra, con altri
documenti, sono riportati in giudizio gli atti della prima
inchiesta sulle manifestazioni e la deposizione di p. Luigi
Bianchi SJ, certificata dal suo provinciale perchè questo
sacerdote non era in grado di essere presente.

Il risultato della prova è positivo, quindi le
manifestazioni sono state verificate giuridicamente. La
sacrestia in cui si sono svolte le manifestazioni è stata
trasformata in una cappella per il suffragio delle anime
del Purgatorio, specialmente dei sacerdoti defunti. Essa è
stata benedetta il 25 febbraio 1924 e ad oggi è un centro

di carità molto ardente per le sofferenze delle povere anime. È stata fondata una Confraternita delle Anime del Purgatorio, in particolare delle anime dei sacerdoti.

8 Ottobre 1943: Gesù.

Dice Gesù:

«La mia Misericordia è così infinita che opera prodigi, di cui solo nell'altra vita vedrete la forza e la forma, per conquistare il maggior numero di anime alla Risurrezione della carne in Cristo.

Io non voglio che voi, segnati del mio Nome, moriate in eterno. Io vi voglio risuscitare. Sono morto per potervi risuscitare. Ho spremuto il mio Sangue dalle mie carni come grappolo torchiato per potervi risuscitare. Le stille del mio Sangue sono in voi e anelano di tornare al Cuore dal quale sono provenute.

Ripeto quanto ho detto ieri. Pochi sono coloro nei quali il mio Sangue non dà quel minimo di meriti, non per colpa del Sangue ma della loro rispondenza ad Esso, capace di salvare l'anima. I Giuda non sono la massa, perché molte volte, dopo una vita infame vissuta da un corpo in cui l'anima fu tenuta schiava, si ha un trionfo dell'anima sulla materia col fatto che nell'ora estrema essa anima, sulle soglie della morte che libera lo spirito dalla carne si volge a Dio di cui ha conservato un ricordo, e in Lui si rifugia.

E credetemi: in verità basta un palpito d'amore, di
confidenza e di pentimento, per far sì che il lavacro dei
miei meriti scenda sul peccatore e lo porti in salvamento.

La mia Giustizia non è la vostra, e la mia Pietà è molto
diversa dalla vostra.

Quando si vedrà il numero dei salvati dal mio Amore
tutto misericordia, saranno proclamate le virtù
dell'Agnello con voce di giubilo da tutti gli spiriti viventi
nel suo Regno. Perché voi siete i salvati dall'Agnello
che s'è fatto immolare per voi. E se coloro che hanno
sempre vissuto in Lui e di Lui, sino al punto da non
conoscere il senso, lo seguiranno cantando il cantico[27]
noto ad essi soltanto, i salvati dalla sua Misericordia,
all'ultima ora terrena, prostrati in adorazione di amore, lo
benediranno in eterno perché Egli è per essi doppiamente
Salvatore. Salvatore di Giustizia e Salvatore d'Amore. Per
la Giustizia è morto per mondarvi nel suo Sangue. Per
l'Amore vi dà il suo Cuore aperto per accogliervi ancora
bruttati di colpe e mondarvi fra l'incendio del suo amore
quando, morendo, chiamate Lui che vi ama e che vi
promette un Regno.»

---

27 il cantico, secondo la visione di Apocalisse 14, 1-5

9 Ottobre 1943: Gesù.

ore 1 antimeridiana.

Dice Gesù:

«**N**on rattristatevi, perciò, voi tutti che piangete. Confidate in Me ed affidate a Me le sorti dei vostri diletti. Il tempo della terra è breve, figli. Presto vi chiamerò dove la vita dura. Siate dunque santi per conseguire la vita eterna, dove già i vostri diletti vi attendono o dove vi raggiungeranno dopo la purgazione.

La separazione attuale è breve come ora che presto passa. Dopo viene la ricongiunzione degli spiriti nella Luce e, in futuro, la beata risurrezione, per cui non solo gioirete dell'unione coi vostri amati, ma anche della visione di quei volti a voi cari e la cui scomparsa vi fa piangere come se un furto vi avesse derubato della gemma a voi più cara.

Nulla è mutato, o figli. La morte non vi separa, se vivete nel Signore. Colui che è andato oltre la vita terrena non è separato da voi. Non lo può essere poiché vive in Me come voi vivete. Solo, per portarvi un paragone umano, è salito dalle membra inferiori a parti più alte e nobili, e vi ama perciò con più perfezione perché è ancor più unito a Me, e da Me prende perfezione. Solo i dannati sono

«morti». Solo essi. Ma gli altri «vivono». Vivono, Maria.
Capisci: vivono.

Non piangere. Prega. Presto verrò.

L'operaio, come la sera cala, affretta il lavoro per
terminare l'opera della sua giornata e andare poi
contento al riposo dopo averne avuta degna mercede.
Quando anche per una creatura cala la sera della vita
della terra occorre affrettare il lavoro per dare gli ultimi
tocchi all'opera quasi terminata. E darli con gioia,
pensando che prossimo è il riposo dopo tanta fatica e che
la mercede sarà abbondante perché molto si lavorò.

Io sono un Padrone che ben retribuisce. Io sono un Padre
che ti attende per premiarti. Io sono quello che ti ama e
che ti ha sempre amata e sempre ti amerà. Non una delle
tue lacrime m'è ignota e non una resterà senza premio.
Sta' sempre più in Me e non temere. Non temere che Io ti
lasci sola. Anche quando non parlo, sono con te.

Sola tu? Oh! non lo dire! Hai con te il tuo Gesù, e dove
è Gesù è tutto il Paradiso. Non sei sola. Maria non era
sola nella casetta di Nazareth. Gli angeli erano intorno
alla sua solitudine umana. Tu, Maria, non sei sola. Hai
Me per Padre, hai Maria per Madre, hai i miei santi per
fratelli e gli angeli per amici. Chi vive in Me ha tutto,
figlia mia.

Non ti dico: «Non piangere». Ho pianto[28] anche Io e ha
pianto Maria. Ma ti dico: Non piangere di quel pianto
umano che è negazione di fede e di speranza. Questo non
lo piangere mai.

Abbi fede non solo nelle grandi cose della Fede, ma anche

---

28   Ho pianto, come nella morte di Lazzaro in Giovanni 11, 35.

nelle mie segrete parole. Sono mie, siine certa. E abbi speranza nelle mie promesse. Quando verrò a darti la Vita vedrai che coloro che hai pianto non li hai perduti. Perduto è colui che muore senza Gesù nel cuore. Tu resta in Gesù. In Lui troverai tutto di ciò che sospiri.

Io asciugherò per sempre ogni lacrima dagli occhi tuoi così come ora consolo ogni tuo dolore, che non posso evitarti perché serve alla gloria del tuo Dio e tua.

L'inverno[29] della vita presto passa, colomba mia, e quando verrà la primavera eterna Io verrò per incoronarti di fiori levandoti le spine che portasti per mio amore.»

---

29   L'inverno... è un'immagine ripresa da Cantico dei cantici 2, 10-14.

9 Ottobre 1943: Gesù.

A mattina fatta e dopo la mia crisi tremende e la Communione.

Dice Gesù:

«Vi sono i venuti a Me per sorte comune e vi sono i predestinati ad essere qualcosa nel mio servizio. Fra i predestinati vi sono coloro che vissero da angeli fin dalla nascita e vi sono coloro che si fecero angeli, per amore, dopo essere stati uomini. Ma sono ugualmente i predestinati ad essere stelle illuminanti la via ai fratelli che vanno e che hanno bisogno di tante luci per andare.

Io sono Luce. Luce potentissima. E dovrei bastare a guidare i popoli sul cammino che porta al Cielo. Ma gli uomini, i cui occhi troppo stanno curvi sul fango, non sopportano più la Luce assoluta. Non la possono più accogliere perché manca in essi lo spirituale esercizio della mente volta a Dio e la confidenza in Dio.

I miseri uomini o sono da Me separati, e non mi guardano perché a Me non pensano, oppure sono schiacciati dalla loro piccola mentalità la quale fa vedere e pensare Iddio alla stregua loro. Perciò non umilmente, ma soltanto vilmente, dicono: «Sono troppo diverso da come Dio vuole sia l'uomo, e a Dio non posso alzare lo sguardo».

Oh! ciechi e stolti! Ma sono forse i sani che vanno dal medico? Ma sono forse i ricchi che vanno dal benefattore? No. Sono i malati e i poveri che ricorrono a chi li può aiutare. E voi siete poveri e malati ed Io sono il Signore e il Medico vostro.

Inutilmente lo dico. Avete paura di Me. Non avete paura di peccare e di sposarvi con Satana, ma avete paura di guardare Me e accostarvi a Me.

E allora, perché voi non moriate fuori della mia Via, vi do le stelle dalla luce mite che altro non sono che emanazioni di Me, parte di Me che viene a voi in maniera che non vi induca a stolto terrore. Io: Sole eterno, compenetro di Me i miei predestinati, ed essi raggiano fra voi la mia Luce e sprigionano correnti di attrazioni spirituali per attirarvi a Me che vi attendo sulle soglie dei cieli.

Guai alla terra se venisse un giorno in cui l'occhio di Dio non potesse più scegliere fra i figli dell'uomo gli esseri predestinati ad essere i miei portatori di Luce e di Voce! Guai! Vorrebbe dire che fra i miliardi di uomini non vi è più un giusto e un generoso, poiché i predestinati sono fra i giusti che mai offesero Giustizia, e i generosi che hanno superato tutto, se stessi per primi, per servire Me.

Tu sei fra questi, piccola creatura che vivi d'amore. Sei fra questi. Dopo tanto tormento hai capito che solo Io potevo esser per te quello che l'anima tua voleva, e sei venuta.

Ma Io ti avevo scelta prima che tu fossi, per essere la voce della Voce di Gesù-Maestro. Ho atteso quest'ora, Maria, con cuore di padre e di sposo, ti ho covata coi miei sguardi, attendendo paziente l'ora di dirti la mia Volontà e la mia Parola. Nulla m'era nascosto di quanto avresti fatto di men buono, ma anche nulla di quanto avresti osato dal momento in cui ti saresti gettata nella corrente dell'amore.

«Tardi» dirai «ti manifestasti, o Signore». Tardi. Avrei voluto fosse molto prima, figlia, ma ho dovuto lavorarti come fa l'orafo con l'oro greggio. Io ti ho formata due volte. Nel seno di tua madre per darti al mondo, ma poi nel seno mio per darti al Cielo e farti portatrice della mia Luce nel mondo. Sapevo quando saresti venuta e sapevo quando saresti stata adulta per servire. Dio non ha fretta poiché Dio sa tutto della vita dei suoi figli.

L'ora è venuta in cui tu non sei più una donna, ma sei solo un'anima del tuo Signore, uno strumento, come tu hai detto. E quando lo scrivevi18 non sapevi che il mio amore ti avrebbe usata così dopo tanti anni di prova. Ora va', fa', parla secondo il mio desiderio. Non dico: comando. Dico desiderio, perché si comanda a un suddito e si chiede all'amico, e tu sei l'amica mia.

E non avere paura. Di nulla e di nessuno. Non le forze della terra e non le forze dell'inferno potranno nuocerti, poiché tu sei con Me. Quanto dici non è parola tua; è parola mia che Io metto sulle tue labbra perché tu la ridica ai sordi della terra. Quanto fai è forza mia che Io ti do per il bene di chi muore nell'inedia dello spirito.

Non sei più la povera Maria, una debole donna, malata, sola, sconosciuta, soggetta ad insidie. Sei la mia discepola prediletta, ed Io ti giuro che anche se tutto il mondo si muovesse a farti guerra non potrebbe levarti ciò che ti ho dato, perché Io sono con te.

Hai capito bene19. Il settentrione sono i popoli che
ora invadono o tentano invadere la terra cristiana per
eccellenza: quella dove è Roma, sede della mia Chiesa.
Punizione meritata dai prevaricatori che hanno curvato
il capo già segnato del mio segno, davanti agli idoli delle
bugiarde potenze straniere che ora sono le prime a
portare tormento.

Dolore per gli onesti è quest'ora. Ma non voluto da Me.
Fate che il dolore abbia ad avere un confine. Fatelo
tornando a Me.

Se le quattro forze del settentrione avessero ad allearsi
contro di voi in un'orrida congiura di potenze tenebrose,
la luce si spegnerebbe sul vostro suolo e il sangue dei
martiri tornerebbe fresco per nuovo sangue gocciante su
esso.

Molto, molto, molto occorre pregare, figlia del mio amore.
Non posso più chiederti altri sacrifici di affetti poiché
sei nuda come Me sulla croce. Ma se fosse possibile te
ne chiederei molti altri a questo scopo. Ti aiuterò; ma
poiché ho bisogno di lacrime per acqua lustrale sull'Italia
infangata, ti avverto che renderò acerba la tua pena,
perché valga per molti lutti e per molti perdoni di Dio
all'Italia.

Di' con Me: «Signore, per preservare l'Italia da nuove
sciagure, e specie per quelle dello spirito, accetto di
bere il calice del dolore. Resta con me, Signore, mentre
consumo la mia Passione di piccola redentrice», ed Io
resterò sempre con te sino all'ora di portarti là dove la
Passione cessa e ha inizio la gloriosa risurrezione in Me.»

www.ingramcontent.com/pod-product-compliance
Lightning Source LLC
Chambersburg PA
CBHW070440080426
42450CB00032B/3125